Ⓢ新潮新書

若松宗雄
WAKAMATSU Muneo

松田聖子の誕生

960

新潮社

前書

この本は私の人生についての物語である。
その間に出会った、松田聖子やキャンディーズやＰＵＦＦＹの他、
作詞家、作曲家、編曲家の方々など多くの著名人についても触れているが
全ては私の主観と記憶によるものだ。
彼ら自身が自らの言葉で語れば、また別の物語があるだろう。
しかし今回あえてペンを執ったのは
私がこれまでの人生で感じてきたことを
日本の音楽史の片隅に、そして
みなさんの心のどこかにとどめていただけたらと思ったからである。

私は2022年に82歳になるが、
音楽プロデューサーとして、まだまだ新たな試みを続けている。
この本では、私の人生の中でも大きな節目となった松田聖子との出会いを中心に
私の生き方や青春時代の話も綴っている。
80年代に私が夢中でプロデュースしてきた聖子の楽曲は
いまも多くの方々に愛され、
40年過ぎた現在も、日々勇気をもらっていると多くのファンの方に言っていただく。
実に光栄なことである。
私自身、これまでの経験を文字にしていくたびに、
小さな積み重ねが全て偶然ではなく
今日この日のためにつながっていた一つの道のように感じられ、
新たな挑戦に向けて、ますます身の引き締まる思いがしている。

この一冊が、私がプロデュースしてきたすべての音楽と共に
みなさんの心に「明日への小さな勇気」を灯せたら、こんな幸せなことはない。

松田聖子の誕生◆目次

前書　3

序　章　運命のカセットテープ　11
歌声との出会い　ミスセブンティーン・コンテスト

第1章　父親の許しをもらうまで　17
反応の薄い同僚たち　企画制作6部の新設　「はい蒲池です。法子です」　紺色のワンピースで　驚きつつ見守る母親　1978年、夏休みに上京　「許すつもりは一切ありません」　西鉄グランドホテルで父親と対面　突然、聖子から届いた手紙
女性スタッフに頼んで電話　モノレールで語った決意　「娘がどうにもならないんだ」

第2章　決して偶然でなかった出逢い　55
夢に見たCBS・ソニーへ　群馬の「おじいちゃん」　最初の就職先は観光会社
キングレコードの制作部へ　東芝レコードの準専属歌手だった兄　営業担当としての

経験　直感から『霧の中の二人』がヒット　歌の心にも触れた広島の日々　杉良太郎さんがくれた言葉　初担当はキャンディーズ　産みの苦しみ

第3章　難航するプロダクション探し　88

「ああいう子は売れないんだよ」　歌謡界の中心に山口百恵　聖子からの4通目の手紙　サンミュージック・相澤社長に懇願　なんとしてもデビューさせる　少女らしい清廉な文字　多くの人に愛される資質

第4章　デビューのための上京　105

土砂降りの福岡空港　静かに伝う涙　堀越学園への編入　増え始めた業界内のファン　レコードデビューと「もう一人の新人」　運を引き寄せる力　『裸足の季節』はまさに裸足のままで　小田裕一郎さんの自宅兼オフィスへ　CM撮影前の「エクボ」事件　ガラスブースの向こうの涙　記念すべきデビュー日　初めての歌番組でのこと　『夜のヒットスタジオ』での進化

第5章　スターへの階段　138

『青い珊瑚礁』がひらいた新時代　聖子の歌唱法　発売から2か月かけて頂点へ
田原俊彦くんとの共演　自らプロデュースする力　アイドルとして異例の売れ行き
クレジット表記の狙い　日本の音楽の実験場に

第6章　松田聖子は輝き続ける　161

楽曲制作のこだわり　クリエイターと築いた松田聖子の世界　大滝詠一さんとの出会い　映画、海外レコーディングで放つ輝き　誰にも同じように接していくこと　ミキシングとマスタリング

アルバムとシングルについて　177

1stアルバム『SQUALL』（1980年8月1日発売）
2ndアルバム『North Wind』（1980年12月1日発売）
3rdアルバム『Silhouette』（1981年5月21日発売）

４ｔｈアルバム『風立ちぬ』（１９８１年10月21日発売）
５ｔｈアルバム『Pineapple』（１９８２年５月21日発売）
６ｔｈアルバム『Candy』（１９８２年11月10日発売）
７ｔｈアルバム『ユートピア』（１９８３年６月１日発売）
シングル『ガラスの林檎／SWEET MEMORIES』（１９８３年８月１日発売）
８ｔｈアルバム『Canary』（１９８３年12月10日発売）
９ｔｈアルバム『Tinker Bell』（１９８４年６月10日発売）
10ｔｈアルバム『Windy Shadow』（１９８４年12月８日発売）
11ｔｈアルバム『The 9th Wave』（１９８５年６月５日発売）
12ｔｈアルバム『SOUND OF MY HEART』（１９８５年８月15日発売）
13ｔｈアルバム『SUPREME』（１９８６年６月１日発売）
14ｔｈアルバム『Strawberry Time』（１９８７年５月16日発売）
15ｔｈアルバム『Citron』（１９８８年５月11日発売）

後書　233

参考文献　236

序章　運命のカセットテープ

歌声との出会い

その声を初めて聴いたのは1978年の5月だった。

全身全霊にショックを受けた。福岡県に住む16歳の歌声はどこまでも清々しく、のびのびとして力強かった。明るさとしなやかさと、ある種の知性を兼ね備えた唯一無二の響き。私は元来「直感」が鋭く自分の感覚を大切にして生きているが、そのときの衝撃は今も忘れられない。

目の前に、とあるオーディションのカセットテープが山積みにされていた。私はプロフィールや写真も見ないまま、各地区大会のテープを1本1本聴いていった。声の良し悪しは聴けばすぐにわかる。先入観を持たずに向き合いたかったと言えばそれまでだが、私は純粋な気持ちで各々の歌声に耳を傾けていた。かくしてその声はプラスチックケースの山の中で未だ眠っていた。いや、待っていたと言うほうが正しいかもしれない。あの日あの場所に彼女の歌声が存在することを、私は知っていた気がする。何者かに突き動かされるように無心でテープを次々に聴き、200曲近い曲数にもかかわらず、ずっと期待感のようなものを持ってその場にいた。あの感覚は何だったのだろう。

順番はほどなく訪れた。カセットテープを入れて再生ボタンを深く押し込んだ瞬間、どこまでも伸びゆく力強い歌声が小さなスピーカーから想定外の迫力で室内へと響き渡った。

そのとき、時空を二つに分けるように一本の線が引かれた気がする。言ってみれば、彼女の歌声が人々の心を動かし始める前の世界と、以後の世界だった。証として私は既にそのテープを何度も繰り返し聴き始めていた。歌声の衝撃を例えるなら、真夏のスコールの後に曇天が消え去り、どこまでも永遠に続く南太平洋の青空が眼前に広がったかのようだった。

「こんなすごい子がいるんだ‼」

声量もある。かわいさもある。存在感もある。聴いているだけで胸が高鳴り、どこか楽しい場所へと出かけてみたくなる。この日の出会いがなければ、私の人生も彼女の人生も、いまとは違うものになっていただろう。

いまでも私は自分がたいそうなことをしたとは微塵も思っていない。けれど、いつの日も音楽を愛し、いい楽曲を世の中に届けたいと願ってきた。音響メーカーが作った新進のレコード会社であるＣＢＳ・ソニーに入社したのち、日本の音楽界に新風を吹き込みたいと心に秘め、世の中の多くの若者が思うのと同じように、私も世界を変えてみたいと小さな夢を抱いていた。しいて言うなら、その願いを形にする機会に少なからず恵まれただけなのかもしれない。

「すごい声を見つけてしまった」

私は心の中でつぶやいた。

ミスセブンティーン・コンテスト

ミスセブンティーン・コンテストの九州大会が開催されたのは1978年の4月7日。私がプロデューサーとして勤務するCBS・ソニーと、集英社の雑誌『セブンティーン』が共同主催するコンテストで、全国からの応募総数は5万人以上。各地区大会ののちに決勝大会が東京で開催されていた。しかし九州大会で優勝したその歌声の持ち主は、なぜか本選を辞退してしまったという。福岡県久留米市在住の高校2年生、3月10日生まれで16歳になったばかりの蒲池《かまち》法子《のりこ》、のちの松田聖子だ。いったい彼女に何があったというのだろうか。

「この子すごくいいと思うんだけど、直接、私が連絡してみてもいいですか？」

各地区の音源を用意してくれたコンテスト事務局のスタッフに、テープを聴いた衝撃そのままに駆け寄ると、「いいですけど……」と予想に反して怪訝そうな返事が返ってきた。続けて、「でも多分ダメですよ。父親と学校が強硬に反対していて、かなり難しいみたいだから」と力のない声が。父親？　学校？　まずは本人と話してみなければわからないじゃないか。営業時代から開拓者精神を持って、どんな局面でも常に突破口を見つけ出していた私は、「仕事に障壁はあって当然だろう」と特に疑問も抱かずその話を聞いていた。

何より、こんな才能を埋もれさせるわけにはいかない。私はスタッフに礼を言ってカセットテープを借りると、名前と電話番号をメモして、すぐさま彼女に連絡を取るためオフィスに向かっていた。

おかしな話だが、この時点で私は歌声の主の顔をきちんと確認した記憶がない。スタッフが去り際に「かわいい子ですけどね」と小さく言っていたのは覚えているのだが、とにかく早くその歌を直接聴いてみたいという気持ちが勝っていた。私は本当に「声」だけでそのテープを選びとっていたのだ。

彼女が歌っていたのは桜田淳子の『気まぐれヴィーナス』。考えてみれば『気まぐれヴィーナス』は素人が歌うには難曲であった。当時は誰もが口ずさんでいたヒット曲だが、桜田淳子独特の鼻にかかった歌声とコケティッシュな魅力の上に成立している楽曲で、他の人が歌うとモノマネになるのが関の山。場合によっては間抜けに響いてしまうことも多かった。

それを16歳になったばかりの少女は、実に楽しげにのびのびと歌っていた。まだ荒削りであったが、まるで最初から自分の持ち歌であるかのような存在感が歌の中にあった。
さらに言えば、声全体から大衆の心を動かすような潜在力さえ感じられた。私は自分と同じく直感のままに生きているような、野性味あふれる歌声に強く惹かれた。その声は見つけてくれる人を待ち侘びているかのようでもあり、無垢で無邪気な佇まいのままだった。

思えばそれは歌手・松田聖子の産声だったのだ。

第1章　父親の許しをもらうまで

反応の薄い同僚たち

テープ片手に興奮気味の私だったが、実は聖子の元へ電話をかけるまでには数日ほどかかっている。

「この子、すごいよね？」

「この歌声、どこから聴いてもすごいと思うんだ」

数人の同僚たちにそのテープを聞かせてみたのだが、彼らの反応はなぜか一様に薄かった。そういえばオーディションのカセットテープを用意してくれたスタッフも、どこか他人事のような反応だった。私の感覚は間違っているのだろうか？　いや、どう考えてもあの声はすごい。なぜみんな賛同してくれないのだろう。私の中に少しの間、逡巡と自問自答があった。

同僚たちが関心を寄せない理由は二つあったと思う。

一つは、テープの情報だけでは魅力がわかりにくかったこと。もちろん当時は動画なども存在しない。自分には、荒削りの原石がとてつもなく光り輝いて見えていたのだが、それを共有するのは確かに難しかったのかもしれない。ましてや家族や学校の反対があって辞退している子を、わざわざ掘り起こさなくてもいいだろうという考えもあったと思う。そもそも保護者の同意はオーディション参加の前提であった。彼女の事情はいざ知らず、彼らがそれ以上身を乗り出してこなかったのは無理もなかった。

そして実際のところは、もう一つの理由こそ真相に近かったはずだ。当時私はまだプロデューサーになって月日が浅く実績が何もなかった。先輩プロデューサーのように華々しい経歴もない。自ら手がけたヒット曲もない。もともと営業畑にいて音楽プロデュース経験も少ない私に、周囲のスタッフが白けていたのは仕方がないことだったのだ。それを私は痛いほど理解していた。

実はその頃の私は大変なスランプに陥っていた。

その２年ほど前の１９７６年１月。辞令があり、私は音楽プロデューサーとして企画制作２部に転属。１９６９年の入社以来営業畑にいた身であったが、楽曲制作を行う制作部門へいきなりの異動であった。クラシックの１部、歌謡曲ポップスの２部、ニューミュージックの３部、洋楽の４部、学芸の５部。なかでも２部は花形であり、間違いなく栄転だったと思う。しかしそこは「ソニーの天皇」と呼ばれたプロデューサー・酒井政利氏が待つ独特の世界でもあった。

南沙織、天地真理、郷ひろみ、山口百恵。ＣＢＳ・ソニーの創業以来、酒井さんが手がけるアーティストは次々とヒットを放ち、企画制作２部はソニーの稼ぎ頭となっていた。私はそんな酒井さん直属の部下として課長に選ばれたのだ。

しかし、まったくプロデュース経験もない私がなぜ選ばれたのだろう。見よう見まねでやってみても、なかなかうまくいくはずがない。何の手ほどきも受けないままにレコーディング現場の仕切りを任され、毎日が手探り。昨日までレコード店の店長やラジオや有線放送のスタッフの方に売り込みをしていたのに、いまはミュージシャンや歌手を相手に的確に指示を与えていくことが要求される。しばらくは自分のハンドリングで仕事している実感にはほど遠く、空回りの日々が続く。他の同僚たちはオーディション番組に参加する者もいれば、芸能プロダクションへ挨拶に行ったりライブハウスに行ったり、新人発掘のためのオーソドックスなやり方をしていたが、私はそれすらもままならない状況だった。

そしてやっとの思いで新人アーティストを発掘してきても、「その子は私がやる」と酒井さんがスーッと持っていってしまう。営業の仕事とは違ってがむしゃらに頑張ればいいというわけではない。プロデュースとは、全てが無の状態からのスタート。新人の方向性を定め、音源を作っていくことに慣れるまでにも時間がかかった。しかも、デビューしても売れなくては意味がない。せっかく担当したアーティストも苦労の果てになかなかヒットに恵まれず下を向く日々が続く。

さらに酒井さんからは深夜1時頃に電話で延々と小言を言われ、やればやるほど、落ち込んでいくしかなかった。そのため当時の私は精神的にも参っていて、ほぼ背水の陣。いくつもの仕事現場で学びはあったものの、最終的には、これでダメならプロデューサーも会社もやめていい、というところまで追い込まれていたのだ。

そんなある日。仕事はもちろん酒井さんとのやりとりにも完全に疲れてしまった私は、もうどうにでもなれといった覚悟で、なんとか一人で仕事をやらせてほしいと会社に直談判している。1977年秋のことだった。

企画制作6部の新設

いま思えば、それが転機となった。

随分と出過ぎたことを言ってしまったとも思ったが、急転直下、年明けの人事で、なぜか私が責任者としてリーダーを務める新部署「企画制作6部」が新設されたのである。理由はわからない。頑張りが純粋に評価されていたのか、あるいは営業時代に突出して売り上げを伸ばしていた私に、会社が何か「センス」のようなものを感じ取ってくれていたのか。こうして私は独立して単独の制作部署を任されることになった。後日聞いたところによると、アイドルや歌謡曲の売り上げが伸びるにつれて、音楽制作に詳しい人間だけでなく、ファンの気持ちもしっかり理解できるような新しいタイプのプロデューサーを誕生させたいと当時の首脳陣は考えていたようだ。なんともCBS・ソニーらしい自由な采配だったと言える。ちなみにこの年の私は算命学で見てもらうと天中殺。最悪の時期だった。しかし最悪のときとは、もうこれより下がないということ。少しずつだが運気は昇り始めていた。

まずは人事異動からすぐの2月25日に6部から発売された渥美二郎の『夢追い酒』が、累計280万枚を記録する大ヒットとなった。有線でじわじわと火がつき、翌年まで続くロングセラーに。当然、部としては嬉しい出来事であった。いきなりの大ヒットで会社からの評価も上がる。だが一方で私自身は、まだ自分が直接手がけた新人が見つけられないまま、このときになってもプロデューサーとしての自信が持てず、どこか寂しい気持ちのままでいた。

そんなとき何かに惹かれるように思い立ち、私はミスセブンティーンの地方大会のテープを聴くのである。もしかしたら各地方の予選大会に有望な新人がいるのではないだろうか。そう感じてのことだった。第六感と言ってしまえば格好はいいが、予感めいたものは確かにあった。けれど、そのときの私はまだスランプの真っ只中。出世しようとも思っていない。失うものもない。怖いものすらない。正直に言えば心の内ではどこか脱力し、ある種、無欲の放心状態で予選大会のテープを聴いていた。

仮にこの先プロデューサーとしてうまく行かないとしても、できることは一つ一つ全部やってみて全て納得したうえで終わりを迎えよう。松田聖子の歌声との出会いは、そんなふうに気持ちを少しずつ切り替え、ようやく前向きに動き始めた瞬間の出来事だったのだ。本選大会の1か月ほど前のこと。ちなみに私は日本青年館で行われた本選も訪れているが、気になる新人には出会えていない。気持ちが研ぎ澄まされたときにこそ運勢は動く。確かに巡り合わせだったと思う。

「はい蒲池です。法子です」

私は息をつき、先ほどからじっと電話を見つめていた。福岡県在住の蒲池法子に連絡を取るためである。同僚からの賛同がなければ、自分の感覚を信じて一人で動くしかない。孤独な道のりとなるだろう。だが、そもそも他人の評価や意見ほどいい加減なものはないのだ。潮目が変われば黒も白になる。いちいち気にする必要などない。いいじゃないか一人でも。自分が自分を信じてやらなくてどうする。こうなってくると、もはや新人発掘というより生き方の問題であった。

月日が経ってみるとよくわかるが、「芸ごと」の世界は人の生き方そのものである。普通にやっていても成功はしない。その人がどういうメッセージで歌うのか。「この歌はいいな」と思わせる人柄や生き方が歌に乗り移っていかないと、聴き手には絶対に届かない。何より歌に対する強い「想い」があること。歌を通じて、その強い気持ちを世の中へ解き放つ。すると「想い」に触れた聴き手が心を揺さぶられ、歌に共振する。その共振が大きければ大きいほど、歌は聴く人の人生を強く照らし、永遠に輝き続ける。ただし歌が上手い人が売れるわけでもない。顔が可愛い人が売れるわけでもない。強い「想い」が何より大切で、ならば周囲で芸ごとを支える人間もまた、自分の「想い」を持って応えていかなくてはならないのだ。

発信音を数回待つ。はたして電話口の向こうに出たのは聖子本人であった。
「はい蒲池です。法子です」
瞬間、さざ波に洗われるように私の気持ちは軽くなり迷いが消えていった。受話器の向こうに、明るくハキハキとした歌声そのままの真っ直ぐな存在があったからだ。

私が好きな言葉は「TAKE IT EASY」だ。1972年に大ヒットしたイーグルスのデビュー曲も『TAKE IT EASY』だった。ちょうど営業部にいた頃で、レコード店を一軒ずつ回っては、各店の店長の方たちとなんとか良好な関係を築きたいと、もがいていたときに流れてきたのがこの曲だった。自社の曲ではなかったが、ギターやバンジョーが奏でるカントリーロックにのせて「気楽に行こうぜ」と歌われる歌詞の意味は、耳にしていれば自然と伝わってくるほど肩の力が抜けた良曲だった。いま聴いても、70年代の街の景色や風の匂いが甦る。一日中歩き疲れながらもどこか爽快だった靴の感触までがふと戻ってきて、思わずほくそえんでしまうほどだ。考えながらも、まずは動いてみること。失敗したっていい。気楽にチャレンジしてみよう。この曲に出会って、私は以前から自分が持っていた「TAKE IT EASY」という心持ちを、より意識的に感じるようになっていた。

歌だって同じことだ。何度も練り上げて歌いこんだ歌より、肩の力が抜けた仮歌が一番その人らしくなるのは、よくあることだ。音楽的に優れた歌よりも、個性に溢れて風が吹き抜ける歌に人々の心は動く。詞や曲や編曲だって、私は必要以上に注文をつけたりしない。もちろん曲の骨格をチェックして不満があればどんな有名作家であろうと調整を頼む。けれどあまり突き詰めてはいけない。歌は、細部にとらわれて整えれば整えるほど、本来の魅力を失っていくからだ。「TAKE IT EASY」の先に、答えはおのずと見えてくる。

「よかったら一度、CBS・ソニーの福岡営業所に来てみませんか？」

私の言葉に彼女は明るい声で「はい！」と答えた。善は急げ。まずは会ってみよう。数日後、私は東京の自宅から羽田に向かい福岡へ飛ぶと、当時天神の一角にあったCBS・ソニーの福岡営業所に直行した。平日の夕方だったと記憶している。

紺色のワンピースで

そして彼女は現れた。高校が終わってからすぐに着替えて福岡まで駆けつけてくれたという。このとき着ていたのが紺のワンピース。今も脳裏にはっきりと焼き付いているが、清楚な出立ちが非常によかった。横には彼女をやさしく見守る母・一子さんの姿があり、一目で大切に育てられてきた良家の子女であることがわかった。

聞けば子供の頃から服が好きで、特別な日には紺の服を着ることが多かったという。のちのち私も聖子自身も、このときの服装のことを語ることが多かったが、よく聖子は、あのとき紺のワンピースを着ていたから若松さんにスカウトしてもらうことができたと話していた。確かにそうだったかもしれない。デビュー後に「聖子ちゃんカット」という愛称で親しまれた髪型こそしていなかったが、ふわりと髪をサイドに流し、愛らしい表情に加えて知性と品の良さを持ち合わせていることも瞬時に見てとれた。

営業所の隅にある打ち合わせテーブルで、私と聖子と母親はしばらく話をしていた。歌のこと、学校のこと、将来の夢。するとタイミングよく、レコード店回りを終えたスタッフが数名戻ってきた。「ミスセブンティーンの九州大会で優勝した子なんだよ」と私が話すと、彼らも興味津々でテーブルの周りに集まってきてくれた。

「そうしたら法子さん、何か歌ってもらってもいいですか？」

数名ではあったがスタッフも揃ったし、丁度いいとばかりにお願いする私の言葉に小さく頷く彼女。オーディションのテープは既に何度も繰り返し聴いていたが、生の歌はこれが初めてだった。こちらの高なる胸中を知ってか知らずか、聖子は照れつつもおもむろに歌い始めた。営業所に備え付けられたオーディオから流れてきたのは、意外にも渡辺真知子の『迷い道』だった。

「現在・過去・未来、あの人に逢ったなら〜」

CBS・ソニーのヒット曲がセットされた伴奏音源からのセレクトだったが、『気まぐれヴィーナス』とは全く違うニューミュージック系の曲をのびのびと歌う姿は、既に「松田聖子」の片鱗を見せていた。緊張もしていたと思う。16歳の少女だ。オーディションこそ受けていたが、人前で歌うことは、ほとんどなかっただろう。しかしその歌声は実に素晴らしかった。その上とてつもないエネルギーを秘めており、早くも私のプロデューサーとしての勘は確信へと変わりつつあった。

「この子はスターになるぞ！」

何より生の声量に驚かされた。マイクは要らないじゃないか。言葉の最後に残る母音の響きや声質の良さ、高音の心地よさ、中音域の深み。その後次々に開花していく彼女のヴォーカリストとして才能を、既にこの時点で十二分に感じさせてくれた。未完成な部分ですら、これからの進化を予感させ、私はすぐに彼女と母親にその場でこう告げていた。

「私はCBS・ソニーで制作の一部門を任されています。私の一存でデビューすると言えばできます。ぜひ法子さんを歌手としてデビューさせてください!!」

ところが歓喜の表情を浮かべる彼女の横で、母親は微妙に顔を曇らせている。聞けばこの日は歌手のコンサートに行くと言って、父親には内緒で福岡の営業所まで来たのだという。ミスセブンティーンの九州大会で優勝した日も、実は持ち帰った花束は床下に隠し、父親に告白したのは数日後。しかも話が終わらぬうちに父親は烈火のごとく怒り始め、「何を考えているんだ！　芸能界など絶対に許さん‼」と怒鳴り、言えば言うほど態度を硬化させていったという。高校も、芸能活動は一切禁止していた。

父親の蒲池孜さんは当時、大牟田の社会保険事務所に勤める国家公務員で、近くに住む伯父一家も病院を経営しており、兄は大学職員。蒲池家は実にお堅い家柄であった。およそ芸能には関係がない環境で、もしもあのまま行っていたら聖子は蒲池法子のまま「松田聖子」という芸名に出会うこともなく、ミッション系の名門女子校を卒業後、大学に通い、全く別の道を歩んでいたかもしれない。

しかし彼女は歌が好きだった。

驚きつつ見守る母親

そもそも、ミスセブンティーンの九州大会も、親には内緒で出場していたくらいだ。母親と一緒に博多まで遊びに来て、自分はコンサートを見に行くからと独りでオーディションに参加。母親が会場に迎えに来たときにはステージで歌っていたというからすごい。歌への情熱は人一倍だった。あまりの展開に驚いた母親だったが、会場に来ていた子たちに聞くと、「コンサート」ではなく今まさに「オーディション」の真っ最中だという。母親はどう父親に報告したらいいか頭を抱えながら仕方なく席につき、観客席にいた。デビューしてかなり後になってから母親にそのときの印象を聞いたことがあるが、ふと冷静な視点で見てみると、身内としての贔屓目な部分を差し引いたとしても、ステージに上っていた子たちの中で、聖子の歌は圧倒的に良かったと語っていた。

思えば母親の一子さんは、ご主人の意見を絶対としつつも、デビュー前からしっかりと聖子のことを見守っていたように感じる。もちろん親子であれば当然のことかもしれない。しかし、それよりももう少し深い、本人を尊重しつつも遠くから聖子の将来を考えるような思慮が常にあったと思う。それは、デビュー後もずっと変わらなかった。健康面や精神面、いつも笑顔でいることや人の悪口を言わないといった訓戒など、人生において大切なことも含めて、松田聖子という存在をしっかりと支えていた。デビュー半年後には、事務所の寮を出た聖子のバックアップのために上京し、食事や健康面を常に気遣ってくれていた。さらに言うなら契約などの際もしっかり目を配り、状況判断に優れていることにも感心した。親戚に実業家として成功している方が多いというのも頷ける、実に頼もしい存在だったのだ。

大きな壁は、同じく娘を強い愛情で見守る父親の頑固さであった。確かに当時の芸能ニュースは、多少鮮烈な部分が強かった気もする。一般の方からしてみれば過剰に反応してしまうのは仕方ないことだったかもしれない。しかしそれを鑑みても聖子の父親は実に堅かった。聞けば、聖子を子供のころから随分と可愛がっていたという。ときには車で学校の近くまで送っては日々の出来事を聞き相談に乗る。たまに聖子が帰り道に甘い物が食べたいと言えば、小遣いとして100円玉を数枚こっそり渡すようなこともあったそうだ。一方で礼儀や作法、生き方に厳しく、けっして人に迷惑をかけるようなことをしてはいけないと厳格に育てていた。

この時点でこそ、たまたまデビューへの障壁という形になってはいたが、松田聖子の真っ直ぐな性格と素直な感性を築いたのは、間違いなくご両親の深い愛情だったのだ。

結局、CBS・ソニーの福岡営業所で聖子と母親に会った日は、そのまま具体的な話になることはなく彼女たちを見送っている。父親の許可はそのうちきっとすぐに下りるだろうと思っていたのだ。私が「ちゃんとお父さんに話して許しをもらわなくちゃダメだよ」と伝えると、聖子は「はい。わかりました！」としっかりした口調で答えていた。

1978年、夏休みに上京

その後高校が夏休みになると、聖子と母親は一度東京に来ている。父親の許しはすぐに下りる前提でいたため、その先のことを考えて、私は早る気持ちを抑えきれずに動き始めていたのだ。

「一度、芸能事務所の人にも会ってみませんか？」

もしかしたら聖子と母親は、私の提案に対して、東京の親戚の家に遊びに行くついでくらいの軽い気持ちだったかもしれない。一瞬だけではあったが、私は二人を芸能事務所のスタッフに引き合わせた。場所は乃木坂のブライダルハウスの地下にあった大きなレストラン。そこで事務所の方がショーの準備をしていたのだ。今でこそレコード会社が芸能事務所を持っている時代だが、当時は歌手がデビューするためには、音源を作るレコード会社とともに、テレビ番組の出演などのマネジメント全般を預かる芸能事務所の強力なバックアップが必須だった。

当初想定していたのは、私の慶應大学の後輩でもある「プロダクション尾木」の尾木徹社長だった。尾木社長はその年の3月に渡辺プロダクションから独立し、自身の事務所を立ち上げたばかり。私は聖子を引き合わせる相手として、勢いもありフレッシュなパワーを放っていた尾木社長を真っ先に思い浮かべていた。しかし資料を見せても尾木社長はどこか曖昧な返答をするのみ。そんなとき尾木社長から、森昌子や山口百恵のマネジャーをしていた市村義文さんがホリプロから独立したばかりだから、彼も含めて一度ご本人と会ってみるのはどうだろうと提案があったのだ。私は期待と緊張感をもってその場に臨んだ。もしかしたら尾木社長は、私に対して気を遣いつつ、可能性の確認という意味合いも含めて、聖子と会うことをセッティングしてくれたのかもしれない。しかし約束のレストランを訪れた私と聖子と母親は、尾木社長や市村さんに少しだけ話を聞いてもらっただけで、短時間で面接を終えている。そしてこのときは、どちらからも明快な返事はもらえないままだった。

のちに聖子と同じ１９８０年組の同期として、浜田朱里さんがプロダクション尾木から売り出され、柏原よしえさんが市村さんのゴールデンミュージックプロモーションからデビューしたことを考えると、このときに各々が描いていたスター像が全く異なっていたことがよくわかる。誰もが80年代という新時代に向けて新たな可能性を模索していたのだ。音楽制作は常に無からの構築。しかしこちらも真剣だった。

私は、時間を割いてくださったお二人に深く感謝し、その場を去っている。

父親の許可についても大きな進展はなかった。以前と同じように聖子と母親に、父親の説得をお願いすると、私は彼女たちを乃木坂の駅で見送っている。この日の面接も、私としてはそれほど深い考えがあってのことではなく、一刻も早くデビューへの足掛かりを作りたいという一心だったのだが、しかしこの後、父親との交渉は暗礁へと乗り上げていくことになる。

そもそも父親は、ミスセブンティーン九州大会で聖子が優勝した時点で、「歌手になるなど絶対に許さん!!」と激昂していた。それで聖子も母親も、福岡の営業所や東京で私に会ったことをしばらく父親に言えなかったのだ。しかも父親は「もしも本当に歌の才能があるなら、たとえ決勝大会を断ってもレコード会社のスタッフが来るだろう。そんなことがあるわけがない」と言い放っていたのだという。ところが現実にレコード会社の人間である私が連絡を取ってきたものだから、あわてふためいた。逆に引っ込みがつかなくなり、聖子は聖子で、「本当にレコード会社の人が来てくださったのに、どうしてダメなんですか？」と譲らない。

そのため蒲池家は、二進《にっち》も三進《さっち》もいかない状況へと陥り、娘が話をすればするほど二人の間の空気は重苦しいものになっていた。


「許すつもりは一切ありません」


それから少し時が過ぎ、季節は秋になろうとしていた。

私は蒲池家の様子が相変わらず気になっていた。聖子から連絡もない。父親との話し合いはうまくいったのだろうか。それとも、そろそろこちらから連絡を取ったほうがいい頃合いなのかもしれない。しかし、ようやく意を決して福岡まで電話をしてみたものの、事態は依然として変わらないままであった。

もちろん私も、この時点では父親と直接電話で話し、きちんと挨拶もすませていた。しかし父親は「許すつもりは一切ありません」の一点張り。ときには「君もしつこいな。ダメと言ったらダメなんだ!!」とまで言われることもあった。私はけっして諦めることはなかったが、電話口の聖子は「父がどうにもなりません」とうつむくばかりの様子だった。

のちに母親の一子さんが、あの時期は本当に針のむしろだったと話していたが、聖子と父親の言い争いは日々絶えなかったという。考えてみれば、ミスセブンティーンの本選に参加できなかった時点で、既に聖子の落胆は計り知れないものだったはずだ。一方、父親としては私が声をかけてきたことで余計に気を緩めてはいけないと構えてしまったのかもしれない。二人の考えは一向に噛み合わず、しまいに父親は、テレビの歌番組を見せないようにと押し入れにテレビそのものを隠してしまう始末だったとか。

けれどもそれからしばらくすると、意外にも父親から私に直接電話がかかってきたのだ。「若松さん、そこまで言うんだったら、一度直接会って話したいので福岡まで来てもらえませんか？」

もしかしたら、ようやく許可が下りるのかもしれない。期待半分で、私はすぐさま福岡に飛んだ。

西鉄グランドホテルで父親と対面

その対面は静かではあったが、私としては直接会うことで、まずは自分という人間をきちんと信用してもらうことに集中していた。

ホテルに到着すると、聖子の父親がフロントの前に立っているのがすぐにわかった。公務員らしくきちんとした装いのスーツで、もちろんこちらもスーツ。父親はすらりとした背格好で髪は後ろにきっちりと撫でつけ、誠実かつ堅実な人柄がすぐに伝わってきた。そうか、聖子は、母親の優しい顔立ちと父親の品格をバランスよく受け継いだのだな。重苦しい空気の中でもどこか冷静にそんなことを思いながら、深々と初対面の挨拶を交わしたのを覚えている。それから父親の仕事の話を聞きながら、私も音楽業界における自分の夢を熱く語った。同時に営業時代からずっと誠実に仕事をしてきた話なども交えて、自分が浮わついた人間ではないことを知ってもらおうと努めた。しかし父親は終始厳しい表情のままだ。珍しく私も緊張し、やたらと喉が渇いたのを記憶している。

思えば西鉄グランドホテルは、当時九州でも一番格式のあるホテルだった。1969年築で帝国ホテルを意識して作ったとも言われる趣のある建築は、父親としてもそれなりに考えての会合場所だったのかもしれない。高い天井と豪華なシャンデリア。声が空中へと吸い込まれ、ともすれば自分を卑小に感じてしまいそうなロビーのソファー席で、私は心を込めて真剣に話し続けた。

なんとかここで許可をもらわねば、と熱がこもる。もちろんそれぞれの人柄を知れば少なからず会話は弾む。短い時間ではあったが、少しずつ父親が心を開き、節々で私の話に頷いてくれるようになっていった気もした。しかし、私が「お嬢さんには素晴らしい才能がある。ぜひデビューさせたいと考えています」と何度言おうとも、一向に「わかりました」という言葉がその口から発せられることはなかった。

2時間近く話しただろうか。ふと気がつくと時刻は夕方になっていた。すると心なしか笑顔になった父親から、「若松さん、飯でも食うか?」と夕食の誘いがあった。延々と話し続けて声を嗄らし始めた私の様子を見て取ったのだろうか。あるいは腹の虫が鳴り響く音が聞こえていたのかもしれない。近所のレストランに場所を移すと、少しだけ砕けた雰囲気の中、私は夕食をご馳走になった。

私は思った。もしかしたら思いが通じたのではないだろうか。少なくとも門前払いではなく、真剣に対峙してくださったようにも感じた。ただし、「わざわざ東京から来てくれてありがとう」という労いはあっても、「わかった」という一言は最後まで聞けずじまい。それでも私は少しの可能性を信じて帰路に就いた。数年後に聞いたところによれば、聖子の父親はこのとき「絶対にわかったと言ってはいかん」と心の中で抗っていたという。

まずは私という人間を知ってもらうことはできた。しかし、まだまだ道のりは遠かったのだ。

次の日私は、昨日のお礼も兼ねてすぐに蒲池家に電話をかけている。だが、返ってきた言葉はＮＯであった。しかも昨夜少しだけ近づけたと思った距離は再び大きくひき離され、父親からは直々に、きっちり釘を刺す言葉までいただいてしまったのだ。

「若松さん、どうか今後は娘にも妻にも直接電話はしないでくれ。私が家族の責任者だ。何かあったら私を通して、勝手に娘や家内に話さないでほしい」

そうなると私も「わかりました」と返答するしかない。父親はその日、聖子にも厳格な口調で「もう、このことはきっぱり忘れなさい」と話していたという。そう、わずかな期待は砕け散り、いきなり聖子との連絡の道が断たれてしまったのである。

しかし私はここでも「TAKE IT EASY」という言葉をどこか頭の片隅に浮かべていた。自分は諦めたわけではない。そもそも私は営業時代から数々の現場を経験して、ここまで来ていた。けっして脈がなかったわけじゃない。深刻になりすぎず、もう少し見守ってみよう。いいじゃないか、軽やかに進めば何か変化があるかもしれない。あんなすごい才能を埋もれさせるわけにはいかない。絶対に世に出すべきだ。

いま思えば自分の粘りに笑ってしまうほどだが、実は私も聖子の父親に負けず劣らず頑固。しかもマイペースで前向きな男だった。

確かに私はこの時期、プロデューサーとしては背水の陣だった。しかし人間誰しも波はあるものだ。どんなに落ち込んでいるときも「だったら次はどうするのか」という頭の切り替えが、不思議といつも私の心の中にはあった。

翌日気を取り直し、私は福岡営業所の所長に連絡を取っている。所長に父親との交渉を改めて頼むためである。当時、全社のスタッフから「かっちゃん」と呼ばれ厚い信頼を受けていた所長の勝目は、日々九州各地を回っては業績を上げる営業の強者だった。彼ならまた違った答えを引き出せるかもしれない。直接電話ができないなら、こちらも違うアタック方法を考えるまでだ。勝目所長は、もちろん快く引き受けてくれた。父親に釘を刺され、普通だったらこれきり全ての連絡を控えてしまうような事態ではあったが、私は微塵も諦めていなかったのだ。しかも勝目に対して私は丁寧にも「電話してアポを取ると断られるから、親父さんの職場に直接行ってみて欲しいんだ」とまで頼んでいた。そして勝目は言われた通りに父親が勤める社会保険事務所まで赴き、掛け合ってくれていた。

しかしである。勝目所長をしても父親からいい返事は引き出せなかった。

「若松ちゃん、ダメだ。親父さんは相当に頑固だ。絶対に譲らないよ」

やはり無理か。なす術なしとはまさにこのこと。さすがの私もそれなりに落ち込んだ。

しかし、こんなときは考えるだけ無駄だ。仕方がない。一旦全てを忘れて、まずはしっかり眠ること。考えても何も変わらないときは休むのが一番なのだ。

すると、流れに身を任せたのが良かったのか、ほどなくして、まさに吉報とも呼ぶべき手紙が私の元へ届くのである。希望の糸はまだ繋がっていたのだ。

突然、聖子から届いた手紙

1978年秋。市ヶ谷のCBS・ソニー本社ビルからは、お堀端の並木の紅葉が見える季節になっていた。私は他の仕事に追われつつも福岡の少女・蒲池法子のことが頭から離れずにいた。そんなある日、彼女から一通の手紙が送られてきたのだ。

世の中には言葉や科学では説明しきれない「気」のようなものがあると思う。少なくとも人生を通じて私はそれを実感してきた。例えば福岡と東京で、いや世界の裏側でも、同時に強く同じことを思えば重い車輪もゆっくりと動き出す。「言霊」という言い方があるが、前向きな気持ちを何度も口にすれば本当になる。けっして偶然ではない。

私の机の上にある手紙には「蒲池法子」という名前がくっきりと記され、1978年11月1日の消印が押されていた。可愛いらしい丸文字でしたためられていたが、しっかりした筆圧からは夢への揺るぎない気持ちが強く伝わってきた。そこには要約するとこんな感じのことが書かれていた。

私は絶対に歌手になりたいのです。父は反対していますが、私の気持ちをいつか必ず理解してくれるはずです。とにかくあらゆる努力をしますので、これからも私自身の気持ちは変わりません。私にもう一度チャンスをください。どうかよろしくお願いいたします。

その書面に私は改めて感激し、ホッとしていた。正直に言えば実はこのまま本当に連絡が取れなくなるのではないかと思っていたのだ。なんとかなると自分に言い聞かせつつも裏腹に時間だけは過ぎていく。そこへ届いた決意の封書。歌手になりたいという素直な気持ちが、改めて一文字一文字から熱く伝わってきた。その日私は嬉しくて思わず手紙を抱えたまま会社の近くの喫茶店を訪れている。そして、いつものようにお茶をしていた仲間たちに、「前から言ってた福岡の子、もう少し頑張りたいって言うんだ。わざわざ俺に手紙をくれたんだよ！　まだまだ可能性はあるぞ」と嬉しさのままに話していたほどだった。

考えてみれば、聖子も気持ちの抑えようがなかったのかもしれない。福岡の営業所でレコード会社のプロデューサーである私に会ったこと。そこで色々な夢について語り、歌を歌ったこと。しかもその場ですぐに「あなたをデビューさせたい。私は責任者です」と熱い口調で言われたこと。その後一瞬ではあったが、東京で芸能事務所の方に挨拶をしたこと。全てが揺るぎない事実であり、16歳の少女には心の拠り所だったに違いない。しかも、父親にきっぱり忘れろと言われれば言われるほど、痛みが情熱に変わっていく。おそらく私が渡した名刺を大切に机の中にしまい、必死の思いでこの市ヶ谷の住所を書き記し、ポストへ投函したのだろう。

実はその後、彼女が歌手になるために上京してくるまでの間に、私は聖子から6通の手紙をもらっている。手紙には、読めばどの時期に何が起きていたか克明にわかるほど、その都度その都度の気持ちが熱くしたためられている。それだけでも松田聖子という人間の「想い」の強さと、真っ直ぐな人間性を理解していただけるはずだ。私はそれらをいまも持ち続けている。捨てられない、捨てられるはずがない。なぜならそこには松田聖子の原点とも言うべき情熱が綴られているからだ。

のちに、どんなに忙しいときも笑顔をたやさず、深夜のレコーディングでも弱音を吐かずに取り組んでいたあの強さは、全てこのときの手紙に込められていた。そう思うと手放すことなどできなかった。

女性スタッフに頼んで電話

彼女から手紙をもらって、私はいてもたってもおられず電話をかけたい衝動に駆られていた。しかし父親からは直接話してはいけないと言われている。滑稽に思えるかもしれないが、そこで私は、当時部署にいたデスクの女性スタッフに頼み、私のデスクから聖子に電話をかけてもらうことにした。しかも、もし両親が出たら、その時は学校の友達だと言ってくれと頼んで……。こちらも必死だったのだ。

あの頃メールやインターネットがあったら、こんな展開はなかったかもしれない。LINE、Zoom、動画を駆使して打ち合わせを進め、親とも、もっと違った形でシンガーになる道筋を模索していただろう。そもそもレコードではなくYouTubeでデビューしていたかもしれない。昭和という時代には、こうやって一つ一つの連絡でさえ四苦八苦ドタバタしていた。一家に電話は1台。いや1台もなかった頃だってある。例えば男が好きな女の子の家に電話をする場合も、父親が出ると「今はいません！」と雷オヤジの一喝で有無を言わさず電話を切られるような時代だった。

現代のようにショートメール1本で簡単に連絡がとれてしまうスピードからは想像がつかないほど、一つ一つの連絡が取りにくい。直接会いに行くことも幾度となくあったけれども、それはストーカーではない。それしか連絡方法がなかったからだ。恋愛も、3か月音信不通だったとしても失恋ということにはならなかった。「仕事が忙しい」が別れの言い訳とは限らなかったのだ。相手の下宿先に一つしか電話がなければ、誰かが毎晩長電話をしていた場合、連絡が取れないということもあった。令和なら時と場合によっては炎上しそうな出来事があっても、近所の噂になる程度。炎上という概念すらない。

そしていまも昔も変わらないことはただ一つ。大切な話はきちんと自分の口から言葉にして伝えるということ。それだけだった。

かくしてCBS・ソニー市ヶ谷ビルの片隅にて、私は、電話のすぐそばで固唾を呑んで待っていた。心なしか受話器を握るスタッフも緊張気味である。そして数回ベルの音がしたのちに誰かが受話器の向こうで出たのがわかった。

「本人です、ご本人ですよ‼」

すぐさま電話を代わると、私は少しうわずった声で「元気にしてましたか？」と言葉をかけた。

後日そのときの礼を手紙でもらっている。この前は折り返し電話をいただいて大変感激しましたといった言葉が丁寧に書かれていた。続けて、これからも誰にも負けない強い気持ちで頑張りますといった文面で、改めて歌手になる決意が綴られていた。消印は1978年12月16日。

このときも再び私は折り返し電話をかけている。そして「もう一度、東京に来てみませんか?」と提案していた。手紙だけではわからないこともある。久しぶりに顔を合わせて話した方が解決の道筋が見えるかもしれない。すると、今度の冬休みに東京の親戚の家に遊びに来るというではないか。私は聖子と会って話す約束をした。

大切な話は自分の口からきちんと言葉にして伝えるということ。それだけは、今も昔も変わらないことだったからだ。

モノレールで語った決意

年の瀬近い街にジングルベルが流れる頃、聖子と私は、麴町の日本テレビの近くにあった喫茶店で会っている。ちょうど4年後に『ジングルベル』などクリスマスソングのスタンダードを吹き込んだ『金色のリボン』という企画アルバムを出すことになるのだが、このときは、いかにしてデビューを実現させるかで頭がいっぱいで、二人とも街の喧騒など耳には入っていなかった。

聖子によると、東京の親戚宅に遊びに行くことについては、父親も賛成してくれたという。もしかしたら父親は、聖子がようやく歌のことを諦めて志望大学のキャンパス見学にでも行っていると思っていたのかもしれない。しかし実際に訪れていたのはCBS・ソニーのある市ヶ谷からもほど近い、小さな喫茶店だった。

その頃、市ヶ谷から麴町にかけてはいくつも喫茶店があり、どこの店にも打ち合わせと称し雑談に興じる業界人の姿が溢れていた。アイデアは常にそんな雑談の中から飛び出し生まれていたものだ。

ちなみに聖子とはその後も、デビュー後に人気が出て広く顔が知られる直前まで、喫茶店で話すことが多かった。だが、不思議なものでお茶をしているだけでもわかることがあった。いつも強く感じたのは、些細な雑談のなかでも常に明るくYESとNOがはっきりしていたこと。会話が明瞭で打てば響く感じが印象的だった。それでいて人を嫌な気持ちにさせるところが全くない。何より心がきれいだなと感じていた。「この子は別格だな」と、当初から確信していたのをよく覚えている。

その日もしばらく話すと、聖子はせきを切ったように切々とデビューへの熱い思いを伝えてきた。私の決意は変わりません。どうしても歌手になりたいのです。

「法子ちゃん、もう一度心を込めてお父さんを説得するしかないよ」

彼女は、強い意志をたたえた瞳で真っ直ぐに私を見て頷いていた。


このとき私は聖子を、浜松町からモノレールで羽田まで見送っている。冬の夕陽が長い影とともに車内を赤く染めていた。湾岸方向に目をやると、次第に海が見えてくる。私と聖子は夕焼けに染まる東京湾やビル群を眺めながら、モノレールの座席に座っていた。すると夕映えの美しさを感じていたせいか、急に私の口からいつになくセンチメンタルな言葉がこぼれた。

「君はすごい才能を持っている。それは間違いない。だから僕は君の才能を信じて全てを賭けるつもりだ。その代わり法子ちゃんも覚悟を持って頑張ってほしい。しかしこの世界は、努力したから売れるものでもないし、どんなに曲が良くても歌がうまくても、必ずヒットが出るわけじゃない。運が大きく左右する。先が見えない日もあると思う。でも3年間はとにかく一生懸命頑張ってみよう。君ならきっと何かが摑めるはずだ。もしもそれでも夢が叶わなかったら、そのときは福岡に帰る日も来るかもしれない。それでも夢を信じて一緒に頑張ろう」

真剣な眼差しで聞いていた聖子は、小さく、でもしっかりとした意志を持って「はい」と頷いていた。まずは親の説得が先だが、既に私は彼女がスターになった日々のことを頭に描いていた。

プロデューサーとしてほとんど実績もない私に、不安がなかったと言えば嘘になる。けれど実績がないからこそ、真っ直ぐな気持ちで自分の直感を信じ情熱を注いだ。愚直だが、聖子の強い気持ちに応えるように、私も自分の人生を賭けるとそのとき決意を固めていたのだ。

冬の夕陽は羽田へと向かうモノレールの車内に熱いゆらめきを作っていた。


それからすぐに1979年の新春を迎え、私は激動の予感をひしひしと感じていた。同時に英気をしっかり養い、その年の正月を過ごしたのを覚えている。聖子からは新年の挨拶の意味も込めて3通目の手紙が届いていた。消印は1月6日。暮れに東京で会ったときのお礼や、歌手になったときのことも想像しながら、果たしてどれくらい頑張れるだろうかといった揺れ動く気持ちも綴られていた。東京へ来てみて、より現実のものとして歌手になる夢を捉え始めていたのだろう。しかし最後には、これからも強い気持ちで頑張ります、と改めて決意がしっかりと書かれていた。

考えてみれば、手紙とは実にいいものである。自らのペンで気持ちを一文字一文字確認しながらしたためていく。その作業によって自分の思いと熱意がさらに固まっていくのだ。メールの気軽な楽しさもあるが、手紙は廃れてはならない文化だと思う。もしも夢を実現したいなら、手紙にして誰かに願いごとを送ってみるのもいいかもしれない。もちろん自分自身に送ったっていい。自筆の言葉が持つ力が時空を超えて倍増され、運を手繰り寄せていくからだ。聖子の手紙からは、そんな力さえ感じられた。

「娘がどうにもならないんだ」

すると仕事始めから間もない1月中旬頃、突如制作6部へ福岡から電話がかかってきた。電話の主は聖子の父親であった。

「若松さん、すまない。ちょっと急ぎで久留米まで来てもらえないだろうか。娘がどうにもならないんだ」

電話越しの父親はいつになく動揺していた。いったいどうしたことか⁉　暮れに聖子に会ってから何か蒲池家に起きたのだろうか。私はあわてて間に合うフライトで福岡へ飛んだ。久留米は当時空港から西鉄福岡駅へタクシーで移動し、急行で1時間ほど。夕方には駅前に到着していた。

会合場所に指定されたのは駅前のレストランだった。店のドアを開けて2階の個室へ行くと、聖子と両親が神妙な面持ちで待っていた。一瞬、まだ許しが出るわけではないのだろうかと怯んだものの、父親から告げられたのは、愛情深い親ならではの熱い言葉だった。

「娘が言うことをどうしても聞かない。家出をするとまで言っている。こうなると親としてはもう彼女の夢を叶えてやるしかない。若松さん、あなたに私の娘を預けます。他でもないあなたに預けますので、責任を持って預かってください。私はあなたを信じます」

心の奥底を覗き込むように真っ直ぐに私の目を見て話す父親の言葉に、私は身が引き締まる思いがした。ついに雪解けの日が来たのだ。聖子の想いにほだされて、父親も翻意するしか道がなかったのだという。

世の中ではあちこちで、私が聖子の父親を説得したという話になっている。確かにそれも真実だ。しかし同時に、本当の意味で父親を説得し強い気持ちで許しを勝ち得たのは聖子自身だったのだ。長かった。聖子の声を初めてテープで聴いてから既に半年が過ぎていた。西鉄グランドホテルで父親と会ったことも無駄ではなかった。あのときに誠意を持って長時間話したことで、父親は少なからず私を信頼してくれていたのである。ようやく許しが出て涙ぐむ聖子とそれを見守る母親。

父親の頭髪には以前に会ったときよりも明らかに白く光るものが増えていた。そこで私は初めてこの一件が随分と父親に心労をかけていたことに気づいた。そして、一人の歌手の卵の人生を預かる責任を改めてしっかりと受け止め、同時に、必ず聖子をスターに育てるという決意を新たにせずにはいられなかった。

しかし会食しながら少しずつ全員の緊張が解けていくと、私の頭の中では早くも次の課題がグルグルと巡り始めていた。まずはなるべく早く芸能プロダクションを決めなくてはならない。

久留米駅から福岡への帰り道、西鉄の車窓には街の明かりが少しずつ増えていく。待ちに待った父親の許可に安堵したのも束の間、現実に引き戻されるように大都会のネオンが眩しい福岡に到着すると、私は改めてプロダクション尾木の尾木社長に連絡を取ろうと思い定めていた。去年の夏に会ってから、まだ明確な返事はもらえていなかったからだ。

少なくとも父親の許可は下りた。まだ何も見えてはいなかったが、歌手・松田聖子の第一歩がスタートした。

第2章　決して偶然でなかった出逢い

夢に見たＣＢＳ・ソニーへ

松田聖子と私の出逢いは、けっして偶然ではなかったと思う。
その理由を語るには、まず私が音楽プロデューサーになるまでの日々を知っていただいた方が早いかもしれない。私は学生の頃から自分の直感を大切にしていた。しかしそれ以上に人との縁も大切に生きてきた。誰にでも同じように接し、心を繋いでいくこと。あの頃の自分があったからこそ、聖子やご両親に対しても、そしてその後デビューするまでの道のりの中でも、諦めることなく何事にも誠意を持って向き合うことができたと感じる。

ここで一旦、私がプロデューサーになるまでの日々に時間を遡ってみたい。大半は個人的な話ではあるが、自分としては松田聖子の制作現場は既にここから始まっていたと感じるからだ。

私がＣＢＳ・ソニーに入社したのは１９６９年。会社が創設されたのは前年の１９６８年のことだ。テイチク、キングレコード、ビクター、日本コロムビアなど、専属の作詞作曲家を抱える戦前からの老舗レコード会社が全盛の時代にあって、ＣＢＳ・ソニーは、ソニーと米国コロムビア・レコードを擁すＣＢＳグループが設立した、日本で初めての合弁会社だった。この本を手にしてくださった方の中には、当時のＣＢＳ・ソニーのロゴマークを覚えている方も多数いらっしゃるだろう。円形のマイクに２本の線をかけた「ウォーキング・アイ」こと米国コロムビア・レコードのマークと、ＣＢＳとＳＯＮＹの英字を組み合わせた大胆なデザインは、戦後約20年しか経っていなかった日本の世の中に強烈なインパクトをもたらした。

１９６０年からソニー・アメリカを設立し、ニューヨークのブロードウェイにオフィスを構えたソニーは、品質の高いトランジスタラジオやエレクトロニクス商品をいち早く世界へ届けている。一方ＣＢＳグループは、米国３大ネットワークの一つを持ち、レコード産業においてはコロムビア・レコードとして全世界の２割のシェアを誇っていた。ソニーとＣＢＳ、２社による合弁会社設立が日本中を賑わす大ニュースであったことは容易にご理解いただけるはずだ。

この動きは、日本の高度経済成長に伴い日本政府によって資本の自由化が解禁されたことと密接に関係している。１９６７年から日本政府が実施した「第一次資本自由化」において、レコード産業は海外資本が50％まで許可された対象業種となる。すると米国ＣＢＳはすぐに日本での合弁先を探し始める。日本を良質な音楽マーケットと考えていたからだ。しかし長らく原盤供給をしていた日本コロムビアとの合弁契約はうまく着地せず、他の日本企業も曖昧な答えを繰り返すばかり。ＹＥＳともＮＯともつかない反応にＣＢＳ側のスタッフは苛立っていた。

そんなとき、日本での商慣習のアドバイスを仰ぐべく、以前から音響機器の取引があったソニー創業者の一人である盛田昭夫氏（のちの名誉会長）に面会。ところがなんとその場で「だったらウチとやりましょう」と急展開で話がまとまるのだ。ソニーとしては、ハードとソフトの両面を開発し、未だ戦後をひきずる日本の家庭にアメリカのホームドラマのようなステレオやテレビなど、豊かな音響と娯楽を届けたいと考えていたのである。盛田さんらしい先見の明に溢れるエピソードだ。

その後すぐにCBS・ソニーは、自社のロゴマークを大きく配した人材募集広告を新聞に掲出している。1968年3月17日の朝日新聞全国版全7段に出された広告の大胆なビジュアルは、大変な話題を呼んだ。そう、私もそれを目にした一人だったのだ。当時28歳の私は、「すごいことが始まるぞ」と居ても立ってもおられず、その日のうちに応募書類を送っている。あのソニーがレコード会社を作る！　しかも米国のCBSと一緒に。キャッチコピーは「CBS・ソニーを築く人を求めます」。全国から7000人の応募があり採用されたのはわずか80人の狭き門であった。

しかしなんとしたことか、私は初年度の採用試験にあっさりと落ちている。「国籍、年齢、性別、学歴、身体障害の有無一切問いません」と書かれてはいたが、土台を作るという意味では、どうしても音楽や芸能関係業界からの採用が中心となっていたようだ。そういった仕事をしていなかった私は、まだこの時点ではCBS・ソニーの門をくぐることはできなかったのだ。

群馬の「おじいちゃん」

1963年に大学を卒業した私は、伊東にゴルフ場を持つ観光会社に就職している。1940年に福島県のいわき市で生まれ育ち、一浪したのちに慶應大学の文学部へ入学。大学卒業時にはそれほど将来へのビジョンがはっきりあったわけではなく、安宅産業などいくつかの商社を受けたものの、どこからも「合格」という言葉はもらえないままだった。広告業界も面白そうだと電通などに応募したが縁はなし。さてどうするかと悩んでいたところ、慶應大学の先輩の父親がゴルフ場経営に乗り出す話があり、そのタイミングで運よく誘われたのだ。

ちなみに先輩とは大学で知り合ったわけではない。当時私が住んでいた大田区長原駅の近くに船会社の寮があり、先輩はその船会社に一時勤めていたのだ。男兄弟が多かったせいか不思議と昔から目上の人に可愛がられることが多かった私は、その寮へも、同世代の面白い奴がたくさんいるからと行きつけの食堂の人に教えてもらって入り浸っていた。そして先輩もまた寮によく遊びに来ていたのである。1960年前後の話だ。いまは安全管理上、見知らぬ人間がどこかの会社のプライベートゾーンに入ることもままならないが、当時はそうして自然に若者が集まり友達が増えていった。とある家庭でテレビを買えば、近所の人がその家の茶の間に集合して大勢でプロレスを見ていたような時代である。

しかもその先輩の結婚相手が、のちに首相となった中曽根康弘代議士の兄上のお嬢さんだったことから、さらに縁が広がった。先輩には、康弘氏のお父上、群馬に住む中曽根松五郎氏のところへよく遊びに連れていってもらったものだ。松五郎氏は関東有数の材木問屋「古久松」を営み、上信電鉄の社長を務めたこともある名士。群馬から長野にかけての山々は庭のようなもの。先輩と一緒に私も松五郎氏のことを「おじいちゃん」と呼ばせていただき、軽井沢の三笠別荘地にあった別荘へ招待してもらったり、浅間山の頂上や白糸の滝まで一緒にハイキングさせてもらったこともあった。

実は、私の軽井沢好きはこのときに始まっている。その後、軽井沢に縁のある堀辰雄の小説『風立ちぬ』のファンとなり、70年代には小説の創作背景を知りたくて、堀辰雄氏が療養していた富士見高原の病院も訪れている。朽ち果てた病室を見て命の儚さを感じ、同時に高原の美しさに触れたことは、いまも忘れ難い記憶となっている。そしてその訪問が後に、松本隆さんと大滝詠一さんに書いていただいた松田聖子のシングル『風立ちぬ』につながっていくとは自分でも思っていなかった。『風立ちぬ』という曲のタイトルは、私が決めてお二人に依頼したものだったのだ。

１９６９年に亡くなられた「おじいちゃん」こと中曽根松五郎氏に聖子のことを伝えることは出来なかったが、私は今も「おじいちゃん」との出会いに心から感謝している。そう、この一連の思い出は、人との「縁」の大切さを教わった出来事として、私の心にいまもしっかりと根付いているからだ。

最初の就職先は観光会社

最初に就職した観光会社の話に戻そう。

60年代、神武景気から始まった好景気の波に乗り、ゴルフブームは疾風怒濤の勢いで拡大。ゴルフ場も倍々に増えていった。１９６４年に東京五輪が開催されると景気はさらに上向き、国内でもリゾートやホテルが開発されゴルフ人口も爆発的に増加していく。

私も入社してからすぐ、新橋の小さな本社ビルで電話番をしていたが、しばらくは電話に出るのが怖かったのを覚えている。まだ仕事内容を把握していない新人ならではの思い出とも言えるが、時代的にもゴルフ場への問い合わせは多く、せっかちな取引先が要件を一方的に捲し立てるといった場面も多々あった。まもなく私はゴルフ場のフロント責任者を任されたが、当時のことで何より記憶にあるのは、やはり〝ものづくり〟に関わる仕事であった。

一つはゴルフ場の宣伝用のマッチについて。あの頃、多くの喫茶店や電器店が、宣伝を兼ねて自店の連絡先を書いたマッチを配布していた。各店が趣向を凝らし、思わず持ち帰りたくなるデザインを競っていたものだが、そんななか私も、自社のマッチを作るべく案を練る。そしてふと思いついたのが、毎日新聞の連載漫画『フクちゃん』のイラストをマッチに描いてもらうことだった。

次の日私は連絡先を調べ、迷うことなく作者・横山隆一先生に電話を差し上げている。いちゴルフ場のマッチの絵柄をいきなり全国紙で連載されている漫画家に頼むとは、考えてみれば大胆なお願いだったかもしれないが、昔からまったく物おじしないのが自分のいいところ。私は横山先生の鎌倉のご自宅を訪れると、ベランダで二人きりで話をして、ご快諾をいただいている。平日の朝の出勤時間に、有楽町の駅前で多くの方に私一人でマッチを配ったことも、忘れられない思い出だ。おかげさまでマッチは大変好評を博し、随分と会社の宣伝になったと自負している。

もう一つは「関東プロゴルフ選手権」。当時関東近郊のゴルフ場で開催されていたゴルフ大会で、テレビ中継も含めて人気があったのだが、幸いなことに自社ゴルフ場での開催が決定。しかしその年は中継の話が一向にやって来なかった。そこで私は「せっかくやるのだったらぜひこの大会を放送してほしい」と、知り合いの紹介で赤坂のＴＢＳを訪問。アナウンサーとしても活躍されていたスポーツ部の鶴田全夫《まさお》部長に直接お会いすると、いつもの勢いで交渉し、その場でテレビ放送の話を取り付けている。当然、中継を経て会社の知名度はグンとアップした。

元来そういった「お願いごと」が得意だったのかもしれない。

学生時代に友人同士3人で東北旅行に出かけた際は、泊まる場所も決めずに放浪し、私が毎晩のように農家など一般の家庭に交渉して泊めていただいた。最初は3人交代でお願いする予定だったが「若松が頼むとうまくいく」と、いつの間にか私が交渉役になっていた。いかにも学生らしい旅のアイデアで、あの時代だったからできたことだったが、それぞれのお宅では夕飯もちゃっかりご馳走になり、猪苗代湖の近くの農家では、その地方にまつわるお話もいろいろと聞かせていただいた。その後もそれぞれの家庭と数年にわたって年賀状のやりとりをし、泊めていただいた方々と近況報告もしあったが、これもまた私にとって忘れられない思い出である。

キングレコードの制作部へ

人との出会いについて、もう一つ心に焼き付いているのは、キングレコードでのこと。実は当時、私は作曲家志望としてアマチュアながらキングレコードにも出入りしていたのだ。初めて訪れたのは、まだ学生の頃。慶應大学ではマンドリンクラブに所属していた私だったが、取り立てて演奏が上手いわけでもなく目立たない部員だった。だが一方で、拙い曲をピアノで作ってはレコード会社に持ち込み、制作部に顔を出すようになっていた。

そんな中、キングレコードの専属作詞家だった東条寿三郎先生が、同じ福島県出身である私を大変可愛がってくれて、「また遊びに来いよ」と声をかけてくださるようになっていく。まだ歌と演奏を同時に録音していた1960年前後のレコーディング現場を見学させてもらい、大変興奮したのもよく覚えている。のちに五木ひろしのプロデューサーとなったひのきしんじ（当時は檜晋樹名義で、キングの新人歌手だった）の録音スタジオを覗かせてもらったこともあった。そのうち、童謡『ちいさい秋みつけた』や倍賞千恵子の『下町の太陽』など、大ヒット曲を多数手がけたキングレコードの看板ディレクター長田暁二氏からも声をかけていただくようになる。そして「若松くんは、なんだか才能がありそうだね」と、男声コーラスグループ・ボニージャックスの曲を東条先生の作詞のもとに作曲させてもらったのが『これぞ山男』。この楽曲、もしもどこかで聴くことがあったら、ぜひクレジットをチェックしていただきたい。

その後も東条先生から「宗くん、曲を作れや」と何度かお話をいただき、埼玉県大和町立第二中学校（現在の和光市立第二中学校）の校歌も作曲している。興味のある方はこちらもぜひ検索を。また、『みかんの花咲く丘』や『快傑ハリマオの歌』など、多くのヒット作品を作詞した加藤省吾さんと組み私が作曲した歌が、全音楽譜出版社の童謡集に5曲ほど載っている。

作曲の才能があったかどうかはわからない。しかし、この経験を通じて一つ確実に得たことがあった。楽曲に対する嗅覚である。スタジオに遊びにいったときに発表前の曲を聴いては「この曲はいいな」とか「そうでもないな」と感じていたのだが、それが世の中に出てみると、レコードの売り上げとしてことごとく当たっていたのだ。もちろん素人同然の学生の身でそんな感想をレコーディング現場で口にすることはなかった。しかし「もしかしたら自分にはヒット曲を嗅ぎ分ける才能があるのではなかろうか」と、密かに歌に対する「直感力」を意識しはじめたのが、このときだったのである。

東芝レコードの準専属歌手だった兄

さらに思い出すのは、兄とのやり取りである。私は東京で一浪していた浪人時代から、兄の3畳の部屋に同居させてもらっていた。もっとも当時の下宿では3畳は一般的で、4畳半に住める人の方が珍しかったと思う。

兄は音楽が好きで、東芝レコードの第1号準専属歌手であり、部屋に仲間を集めてはアコーディオンを弾いて歌い、夜な夜な騒ぐことが多かった。そんな兄がやがて作曲を始め、曲を作るたびに日本コロムビアのプロデューサーの元へ聴いてもらうために行くのだが、部屋で演奏する曲に対し、私は「1曲目はいいけど3曲目は印象が薄いんじゃない?」などと、何気なく感想を言っていたのだ。ところが当初は生意気な弟をうるさがっていた兄が、ある日「不思議なんだよなぁ、宗雄が言うことと、プロデューサーの先生が言うことが同じなんだよ」と呟きだす。

そして、それ以降は先に私に演奏を聞かせて選曲してから、曲を持っていくようになるのである。ちなみにその方の名前は馬淵玄三氏。察しのいい方はお気づきだと思うが、五木寛之の小説『艶歌』『海峡物語』などの主人公「艶歌の竜」こと高円寺竜三のモデルであり、美空ひばりや島倉千代子、小林旭、水前寺清子などを手がけた演歌界の大物プロデューサー・馬淵玄三氏、その人だったのである。兄はその後、島崎藤村の詩に曲を付け、小林旭や舟木一夫が歌った『初恋』などを手がけている。

気づけば私は、自分自身の嗅覚も含め、「楽しそうな仕事だな」「もしかしたら自分にもできるんじゃないかな」と音楽業界への憧れを急速に強めていた。そんなとき偶然にも目にしたのがCBS・ソニーの社員募集広告だったのだ。

「これは運命に違いない。なにがなんでもCBS・ソニーに入りたい」

私はそう思った。

一度は試験に落ちたものの、すぐに観光会社をやめた私は、いずみたく氏が代表を務め、今陽子、佐良直美、いしだあゆみなどが所属する「オールスタッフ」という音楽プロダクションに転職。業界について学びながらCBS・ソニーの人材募集が再び告知されるのを待ち、雌伏の日々を送っている。やがて1969年11月、ついに夢が叶う日が訪れる。面接での熱弁が通じたのか、ようやく私もCBS・ソニーから内定通知を受け取り、その一員となることができたのだ。

最初に配属されたのは大阪営業所。初めは四国四県のレコード店を回る営業職であり全くの新天地であった。私は、これも経験とすぐに荷物をまとめると次の日には大阪へ移動。入社からわずか1週間目のことだった。

営業担当としての経験

正直に言えば、営業の仕事は非常に楽しく充実した時間だった。あのまま営業を続けてもいいと思っていたくらいだ。人と出会い、頑張れば頑張った分だけ想いが通じた。ただし現実には、CBS・ソニーのレコード店に対する取引条件はかなりきつく、当初は反発する小売店も多かったため、各地の営業担当は相当苦労していたと思う。というのも従来の業界慣習は「レコード会社から依頼すれば店頭に商品を並べてもらえる。その代わり返品もある程度は自由」というレコード店側に有利なもので、それをCB

S・ソニーは「レコードの納品は現金による買い取りのみで、返品率は10％以内にとどめる」と一方的に打ち出したのである。そのためCBS・ソニーは、「レコード会社なのに、お店にレコードを置いてもらえない」という壁にぶち当たる。

しかし最初こそ苦戦したものの、少しずつ光明が見え出す。まもなく、サイモン＆ガーファンクルが大ヒットし始めたのだ。

1968年の映画『卒業』の日本公開と共に、挿入歌だった『サウンド・オブ・サイレンス』が人気を博す。続いて1970年には『明日に架ける橋』も爆発的な売れ行きを記録。『明日に架ける橋』は「SONX-60135」という品番で、略して〝X-135〟と呼ばれていた。私も随分と多くの枚数を売ったので何度も口にしたりメモしたり、この品番はいまでも忘れられないマジック・ナンバーとして記憶にはっきりと残っている。

その後も洋楽のヒットや邦楽アイドル路線が成功し、あれほど反発していたレコード店の店主たちがCBS・ソニーの営業所までレコードを売ってくれとリュックサックを背負ってわざわざ来るほどになっていく。そしてCBS・ソニー側は、レコードを渡す代わりに新ルールに基く契約書にサインしてもらうのだった。

これらは全て創業時にCBS・ソニーの専務に就任した、大賀典雄氏の采配によるものであった。実際の営業の現場ではかなりの苦労があったものの、レコード業界の慣習を打ち破る大賀さんの理念は、時代を見抜く慧眼と厚い人望によって大成功を引き寄せていく。

大賀典雄さんについては、日本の高度成長を支えた存在の一人であり、その名をご存知の方も多数いらっしゃるだろう。

伝説は大賀さんが東京藝術大学音楽学部声楽科の学生だったときに始まる。大学でソニー（当時はまだ東京通信工業）のテープレコーダーの購入を検討したときのこと、大賀さんはソニーのレコーダーについて問題点を詳細かつ的確に10項目書き出し、ソニーに持参する。すぐさま社内で「ものすごい学生がいる」と評判になり、創業者の一人である盛田昭夫氏が、大賀さんの音楽や芸術、デザインに対する卓越した才能とデジタル機器への造詣の深さを買って「ぜひウチの会社に欲しい」と直々に勧誘。その後嘱託として週に1～2回ソニーへ通い始めた大賀さんだったが、盛田さんは、さらに正社員にすべく大賀さんの海外公演に同行。英国から米国へわざわざ船旅で移動し、船上で5日間、これからの日本について侃侃諤諤。ついには大賀さんを口説き落とすのである。この話をソニー社内で知らない者はいなかった。大賀さんは指揮者や声楽家として音楽界に軸足を置きつつもソニーに入社。瞬く間に出世し34歳にして取締役に就任。その才覚でソニーのプロダクト・デザインと先進機能の両輪を支えていく。そしてCBS・ソニーの設立時に、盛田さんの直命で専務としてソフト制作の現場も担うことになったのだ。

例えばCBS・ソニーのレコードジャケットが当時の業界で突出しておしゃれだったのも、全て大賀さんの指揮があったからだ。この動きは、従来の大きなタイトルに顔写真といった茫漠とした日本のレコードデザインに変革をもたらした。さらに「SONY」のロゴやプロダクト・デザインはもちろん、社内で使われる書類に至るまでとことんこだわり、名刺や封筒、伝票の意匠にいたるまで、大賀さんはそのセンスを貫いていく。通底していたのは、「世界に羽ばたく一流企業かくあるべき」という理念だったのだが、それは私がCBS・ソニーに入社して大変嬉しく感じたことの一つでもあった。

直感から『霧の中の二人』がヒット

大阪営業所に配属され、当初は四国回りをしていた私は、その後大阪市内のレコード店の担当となる。そんなある日、私のキャリアにおいて忘れがたい出来事が起きる。

当時私は休日のたびに一人、商品倉庫の片隅にあるステレオでクラシックから演歌まで、あらゆる新作のサンプル盤を聴きまくっていた。周囲からは熱心だと言われることもあったが、休日の商品倉庫は落ち着いてステレオでレコードを聴くことが可能で、私にとっては純粋に音楽を楽しむことができる貴重な空間でもあったのだ。

そんななか突如私は、「マッシュマッカーン」というカナダのアーティストの曲から強烈なインパクトを受け取ることになる。なんとも言えない哀愁、この曲は絶対に日本人の心に響くぞ。1970年秋、マッシュマッカーンの『霧の中の二人』というシングルである。天啓ともいうべき感覚に打たれた私は、すぐさま売り込むべく担当レコード店に駆け込むのだが、まず最初に扉を叩いたのが『日光堂』であった。

『日光堂』の高城喜三郎社長はジャズ好きが高じて店を開き、後にカラオケ業界でも大成功された方。その高城社長に対し、私が「この曲は絶対に売れますよ‼」と熱弁を振るったところ、なんと「若松君がそこまで言うなら」と即答で200枚オーダーしてくださったのだ。その後『霧の中の二人』は、大阪から全国へ口コミで拡散。大阪で200枚オーダーがあったという話がセールストークとなり、翌年1月には、当時の洋楽としては異例のオリコンチャート1位を獲得。日本人の感受性にピタリとはまり、米国での売り上げをしのぐ大ヒットとなる。

この出来事を、単なる偶然と思う方もいるかもしれない。

しかしその頃の私は、日頃から足しげくレコード店を回っていた。CBS・ソニーの取引条件の厳しさから、当時はまだなかなかいい顔をしてくれない店が多い中、日々の雑用を手伝うなどして、細かい交渉事にも熱意を持って取り組み、少しずつ各店から信頼を勝ち得ていたのである。門前払いを食らうような場合もあったが、そんなときも毎日顔を出して相手の名前を覚え、行くたびに声をかけさせていただいた。他社のレコードの棚卸しがあればそれも手伝い、重いビニール盤をせっせと運ぶ。夜の11時まで営業している店があれば、閉店間際に挨拶に伺うこともあった。たいてい「こんな遅くまで回ってるの？」と驚かれたりもするが、そのうち、不思議とどんな方でも少しずつ心を開いてくださった。『日光堂』の社長もそんなお一人だったのだ。

もう一つ、『日光堂』が当時大阪のジュークボックス機器を取り仕切っており、中に入れるレコードの決定権を持っていたことも念頭にあった。あの時代、ジュークボックスはリスナーのセンスが問われる重要な試聴機器。カフェでおしゃれな新曲をかければ友達にも一目置かれる。『日光堂』の高城社長はそんなお客さんの心理を知ってか、目立つ場所にジャケット写真を飾ってこの曲を推してくださった。高城社長にはいまでも心から感謝している。大量のオーダーを受けて、本社の洋楽担当ディレクターから驚きと感謝の電話をもらったのも嬉しい出来事であった。

私は確かに昔から勘を大切にする言わば「直感人間」だったが、「直感」は音楽だけでなく多方面に働かせていたのだ。そしてこの出来事は、「音響メーカーが作ったCBS・ソニーで、音楽業界に新風を吹き込む」という私の「想い」を形にすることができた最初の体験となる。

曲が売れるかどうかという「直感」は営業時代もことごとく当たっていった。気がつけば私は、大阪営業所で売り上げナンバーワンになっていた。

歌の心にも触れた広島の日々

大阪の営業所にいたあと、私は広島営業所に所長として赴任している。入社してわずか1年半後のことであった。

その頃広島の営業所は全国でも売り上げが最下位。まだまだ他業種は年功序列の時代であり、若かった私は正直当初、広島のスタッフと摩擦があった。しかし、そんなときこそ一人一人ときっちり向き合って問題点を話し合っていった。同時に、各レコード店に対しては、なんでも困ったことがあれば、開店作業や掃除、他社商品の陳列なども含め、早朝から愚直に雑用を手伝い信用を獲得していく。私のその姿勢は大阪時代から変わらぬものだった。洋楽や、天地真理・南沙織といったアイドルなど強いコンテンツが増えつつあったといっても、CBS・ソニーの取引条件は地方のレコード店にしてみれば、まだまだ厳しいものだったからだ。

そんななか、県のレコード商業組合の中心でもあり、広島市内本通りにある老舗『マルタレコード』の多賀社長が、あるときを境に私の味方をしてくれるようになる。毎日通い詰める私を見て、少しずつ信頼してくださるようになっていたのだ。その結果、レコード商業組合の総会で他店がCBS・ソニーを痛烈に批判するなか、「そんなに言わなくてもいいじゃないか」と庇ってくださり、状況は徐々に改善されていく。社長の言葉に従うように、少しずつ組合全体の風向きが変わっていったのだ。

広島でもやはり私は人との縁に助けられ、ひと回りもふた回りも大きく成長させていただいた。いまも感謝の念に堪えない。

もう一つ広島時代の忘れられない思い出がある。作詞家・星野哲郎さんの生まれ故郷であり、病に倒れた際の療養先でもある山口県の周防大島を訪れたことだ。堀辰雄さんが入院していた富士見高原の病院を訪れた話にも通じるが、創作活動の背景を知りたいという気持ちはプロデューサーになる以前から私の中にあった。周防大島は大変気候がよく、瀬戸内のハワイとして風光明媚な場所。一方で私はその美しい景色にどこか寂しさも感じていた。すると、星野さんが4年にわたる療養中に眺めたであろう海を前にしたとき、星野さんが作詞した水前寺清子の『三百六十五歩のマーチ』が、まったく違う曲として頭の中に聞こえてきたのだ。明るい歌なのに力がある。それは、チータのキャラクターに加えて、星野さんの「想い」が歌に込められていたからだと私はこのとき初めて気づかされる。

作詞家のなかにし礼さんについても感じることがある。なかにしさんは戦中戦後を満州で過ごし大変な苦労をされた方。それを知って黛ジュンの『天使の誘惑』や弘田三枝子の『人形の家』、島倉千代子の『愛のさざなみ』、キャンディーズの『哀愁のシンフォニー』などを聴くと、歌について、また全然違った解釈ができることに気づく。やはり「芸は人なり」。人の「想い」そのものなのだ。

聖子に深く関わっていただいた松本隆さんも、病弱だった妹さんをずっと支え続けて早くに看取った経験から、命を意識する機会が常に身近にあったという。そうして聴くと、松田聖子の楽曲の何気ない一節にも時の儚さが見て取れるのは、松本さんの「想い」が込められているからに違いない。

こういった時間も含めて、営業部時代に過ごした日々は、私の人生において大変有意義な経験となっていた。どんな状況においても全ての人に、同じ目線で誠実に熱を持って向きあっていくこと。驕り高ぶらず、常に新人のような気持ちを持って低姿勢でいること。大切な学びも多く、あのまま営業担当として続けていてもよかったが、不思議なもので現状に満足する頃にはまた次なるステージが用意されているのが人生。大阪1年半、広島3年。その後私は東京へと呼び戻されることになる。

杉良太郎さんがくれた言葉

1974年。東京第一営業所の責任者となった私は、その1年後に販売促進部へ配属されている。プロモーターとして文化放送とエフエム東京を担当。そこでもまた地道に担当局を回り、何度も通っては食い込んでいった。特に文化放送は大変人気のラジオ局であり、プロデューサーの方々も簡単にはこちらの要望を聞いてくれない。そこで私は営業部時代と同様に何度でも足しげく通っては雑用を積極的に手伝っていく。不思議なもので、この時もやはり誠意を持って対応すれば、相手も心を開いてくださり事態が好転していった。そういった部分はおそらく、いつの時代どんな仕事でも変わらないことなのだろう。

販売促進部での担当は、杉良太郎、ジュディ・オング、真木ひでと、麻生よう子といった歌手たち。なかでも思い出深いのは杉良太郎さんを担当したときのことである。当時杉さんは日本コロムビアから移籍してきたばかり。1975年4月21日に発売された遠藤実作曲の『なやみ』という新曲をなんとか売りたいと、販売促進部の私も奔走していた。いわばCBS・ソニー移籍第1弾シングルである。そんな杉さんと私は、あの頃たくさんあった有線の放送局を一つずつまわっては、サインをしたり挨拶をしたりして、なんとかレコードをかけてもらっていたのだ。地道なプロモーション活動はしばらく続き、夜な夜な行なわれていた。そんなある日、空き時間に「若松さん、疲れたでしょう。ちょっとお茶でも飲みませんか？」と言われて二人で新橋駅近くの喫茶店に入ったことがある。そこで杉さんに言われたのはこんな言葉だった。

「若松さん、こんなに一生懸命やってもらえるなんてすごく嬉しいよ。本当にありがとう。でも俺のレコードって昔からあんまり売れたことがないから、そんなに熱心に宣伝してもらわなくてもいいんだよ」

既に俳優としてはNHK大河ドラマや『水戸黄門』『大江戸捜査網』などに出演し人気絶頂の杉さんだったが、レコード会社のスタッフに対しても常に協力的で、腰が低く気さくな方だった。これは長く愛されるスターには、みなさん共通する部分なのかもしれない。当たり前だが、どんなプロジェクトも人と人の繋がりから始まる。座長の人間性によっては頓挫することだってあるのだ。スタッフに愛されることは何より大切なこと。私は自分の力及ばず申し訳なく思っていたが、杉さんの温かい人柄に触れ、翌1976年に発売された移籍3枚目のシングル『すきま風』が大ヒットした際は、大変嬉しく感じていた。この曲は杉さんが主演した人気時代劇『遠山の金さん』のエンディングテーマとして視聴者に親しまれ、ヒットチャート最高25位ながらも、なんと147週も100位圏内にチャートイン。累積100万枚を売り上げるミリオンセラーとなっていた。その時点で私は既に担当を離れていたが、我がことのように喜んだのは言うまでもない。

1976年。この年こそ私が営業畑を離れ、プロデューサーとして企画制作2部への異動を言い渡された年だった。そして人と人の繋がりに助けられた営業時代の経験は、その後の私にとって欠かせない宝物になっていく。

初担当はキャンディーズ

営業や販促から企画制作2部への異動は、異例のことだったと思う。

私は、他のレコード会社から移籍してきたような音楽制作のプロではなかったが、素人同然ながらも営業として大阪や広島で大きくセールスを伸ばしていた。それが評価されたのか、あるいは気難しいレコード店の店主やラジオ局のプロデューサーたちの懐に入り込み、彼らと渡り合うキャラクターが見込まれたのだろうか。

いずれにしても、ディレクションが何かも知らないままではあったが、個人的には売れそうな人、売れる曲への嗅覚には自信があった。そして、気を張りつつも私は臆せずプロデューサーとしての第一歩を踏み出す。なぜなら人生何事も「TAKE IT EASY」。それが私の生き方だったからだ。

最初に担当したアーティストはキャンディーズ。1976年3月1日に発売された9枚目のシングル『春一番』からである。制作を手がけていたのは渡辺プロダクションの系列会社である渡辺音楽出版の松崎澄夫さん。松崎さんは大変ディレクションに長けており、のちにアミューズの社長や副会長も務めた音楽業界でも大変高名な方。私はその場にレコード会社の担当ディレクターとしておじゃましながら、少しずつプロデューサーとしての勉強をさせてもらっていたように思う。

例えば、担当して最初に発売された『春一番』は、アイドルとしては珍しい、アルバムからのシングルカットだった。そのときのキャンディーズはデビューから2年半。前年に発売された5枚目のシングル『年下の男の子』が大ヒットしたものの、その後の『内気なあいつ』『その気にさせないで』『ハートのエースが出てこない』はスマッシュヒットにとどまり、更なる飛躍を期待されたタイミングであった。

そこで発売されたのが『春一番』。この曲は前年のアルバムの収録曲として既に世に出ており、ファンの中では人気が高かったが、ここに松崎さんの考えがあった。実は70年代は、アイドルのファンクラブが発足し始め、「アイドルはファンが見守りながら育てていく」という、いまとなっては定番のユーザー心理が定着し始めた時期だったのだ。それを松崎氏はいち早く感じ取り、1年かけてコンサートなどで『春一番』の認知度を高め、ファンとアーティストが一体となって、シングルカットされた『春一番』のセールスを伸ばしたのである。

もともと楽曲としてのポテンシャルも高かったため、一度火がつけばテレビでキャンディーズを見ているだけの視聴者や子供たちもシングルを買い、より大きなセールスへとつながっていく。「もうすぐ春ですね〜」というフレーズが、いまや世代を超えて広く知られているのも感慨深いところである。

また1976年11月21日に発売されたシングル『哀愁のシンフォニー』のタイトルは、私のアイデアが採用されたものだった。当時サンタナのギターインストゥルメンタル『哀愁のヨーロッパ』が大ヒットしており、「シンフォニー」というキーワードにつける言葉として私がふと「哀愁」を思いついたところ、この案が採用されたのだ。作詞のなかにし礼さんも「いいね！」と笑顔で快諾。二つのキーワードを組み合わせることで、全く新しいイメージが幾重にも広がっていく。これもまた嬉しい発見であった。

さらに1977年3月1日に発売された『やさしい悪魔』では、冒頭の足音に、何を隠そう私が履いていたブーツが使われている。その日レコーディング現場で作曲の吉田拓郎さんが考え事をしていた。聞けばイントロ前に何かしらのサウンド・エフェクションが欲しいという。そこで拓郎さんが不意に思いついたのがブーツの音。当時ブーツは大流行しており、御多分に洩れず私も履いていた。それを見た拓郎さんが、「若松さん、そのブーツ借りていい？」とマイクの前でコツコツと鳴らしてみせた音が、あの印象的な冒頭部分の「悪魔の足音」として使われているのだ。


こんなふうに和気あいあいとお互いにアイデアを出しあいながら一から作品を作りあげていく音楽制作の現場は、私にとって大変刺激的で、人生の軸となる「創作」という未知の喜びを与えてくれた最初の機会となっていく。

キャンディーズはその後も歌にバラエティに大活躍。1978年春に「普通の女の子に戻りたい！」という名言を残して、人気絶頂の中で解散してしまったが、いまもファンの方々から深く愛されているのは皆様よくご存知の通り。結局キャンディーズには、私が企画制作6部に移る直前のシングル『アン・ドゥ・トロワ』まで関わらせていただいたが、彼女たちやそのスタッフとの仕事もまた、私のキャリアの中で忘れることができない大変貴重な経験となっている。

産みの苦しみ

それと同時に、完全に無の状態から制作していく楽曲制作ならではの「産みの苦しみ」も日々知ることとなる。ここからは前章でも触れた内容と重なるのだが、プロデューサーとして幾つかの仕事に取り組んでいたものの、私は自分が担当する新人から、なかなかヒット曲を出せずにいたのだ。がむしゃらに頑張っていた営業時代のやり方だけでは、どうにもならない時間が続き、少しずつ私は落ち込んでいく。そして、あれほど自信があった「売れる」という直感のアンテナも鈍り、自信を失い始めていたのだ。

しかし苦悩は飛躍のための助走に過ぎない。

1978年の年明けに、ひょんなことから私が責任者を務める企画制作6部が発足。私は大きなチャンスを手にすることになる。会社としては、音楽制作に関してまだ未知数で手垢がついていない私に賭けてくれたということになるだろう。もしかしたら酒井政利氏が担当する企画制作２部と競わせて相乗効果を狙う意図もあったのかもしれない。それほど、ＣＢＳ・ソニーにおける歌謡曲の売り上げは創業以来急成長を遂げ、拡大の一途をたどっていた。

それまで専属の作詞作曲家が制作することが多かった旧来のレコード会社に対し、ＣＢＳ・ソニーは、新進の作詞家や作曲家を起用しヒットを連発。さらには本来歌謡曲とは縁がないはずのニューミュージックのアーティストとアイドルの組み合わせも積み上げ、新鮮な音楽をマーケットに届け業界を牽引していた。その先に、よりリスナーに近い感性が期待されていたのかもしれない。おそらく何かしらの勝算をもって、私はヒットを生み出すという特命を託されたのだと思う。

そして私には運があった。まずは６部のスタッフが担当する渥美二郎の『夢追い酒』がダブルミリオンを記録。続いて１９７８年10月にはテレビドラマ『熱中時代』の主題歌『ぼくの先生はフィーバー』が発売され、じわじわと売り上げを伸ばす。この曲こそ、実は私が直々にプロデュースを手がけた記念すべき初ヒット作となるのである。まさに聖子や聖子の父親と、日々連絡をとっていた同時期での制作であった。

『熱中時代』の視聴率は初回こそ12％だったが、最終回にはなんと40％を超えてテレビドラマの歴代最高伸び率を記録。それにつれてレコードも売り上げを拡大しロングヒットとなっていく。名古屋の平尾昌晃ミュージックスクール出身の少年・原田潤は、ハスキーでソウルフルな歌声の持ち主。日本中を席巻した9歳のボーイズ・ヴォーカルをご記憶の方も多いだろう。

少々長い伏線となったが、こんなふうに営業や販売促進部から企画制作へ異動した私が、プロデューサーとしてのまさに勝負の時期に出会った歌手、それが松田聖子だったのだ。

決死の覚悟だった私は、たとえ父親の反対がどんなに強硬であろうとも無心で邁進した。ときに熱く、ときには「TAKE IT EASY」の心で。それしか方法がなかったとも言えるが、私にプロデューサーとして何の実績もなかったからこそ、上を向いてがむしゃらに頑張り続けることができたのかもしれない。しかし一つだけ言わせてもらうなら、私でなければ松田聖子をデビューさせることはできなかった。なぜなら私だけが彼女の可能性を信じ、見抜いていたからだ。あのとき、あのタイミングの私と聖子だったからこそ、「なんとしてもデビューさせたい」「なんとしてもデビューしたい」という強い「想い」が呼び合った。まさに必然の出逢いだったと思う。

久留米で父親からの承諾をもらった日から、松田聖子をデビューさせるための次なるステップが始まった。舞台を1979年1月に戻そう。

第3章　難航するプロダクション探し

「ああいう子は売れないんだよ」

プロダクションの心あたりは、私の中にいくつかあった。

まずは聖子に一度CBS・ソニーの福岡営業所まで行ってもらい、現地スタッフに写真撮影をしてもらうところからスタートしている。いわゆるプロモーション用の宣材写真の撮影だ。その写真と歌を吹き込んだテープを持って売り込みに行くのだ。

最初に私が資料を持って訪れたのは、前年夏に一度聖子自身も顔合わせをしていたプロダクション尾木の尾木徹社長だった。あれ以来特にはっきりした回答はもらえていないままだったが、父親の許可がおりたことも改めて報告しなければならなかった。しかし、ほどなくしてNGの連絡が届く。

「若松さん、ああいう子は売れないんだよ。タレントとして華も感じられないしね」

しかし私は、聖子は単に、尾木社長が考えるタレントの適性とは違うだけなのだと前向きに捉えた。もしかしたら断りづらくて時間がかかってしまったのかもしれない。まして原石の状態では、なかなか判別がつかないのも無理はない。こちらは歌で勝負するつもりでも芸能事務所としては様々な可能性を考えて、個性はもちろん総合的なバランスを重要視する。事務所なりに抱えるタレントのカラーがあるのは自然なこと。つれない言葉に落胆しつつも、私はすぐに切り替えて次の一手を考えた。

そうだ！　平尾昌晃さんのヴォーカルスクールが博多にある。しばらくはそこに通って、平尾さんに歌のレッスンをしてもらうのがいいだろう。なんといっても平尾さんは作曲家としてレコード大賞やレコ大の新人賞を獲得した方。しかも、まさにこの時期大ヒット中だった私のプロデュース作『ぼくの先生はフィーバー』を作曲した人こそ、平尾さんだったのだ。聖子のポテンシャルを見てもらうには十分すぎる存在だった。すると案の定すぐに「あの子は見込みがあるね」とお褒めの言葉を頂くことになる。「まだ荒削りだが声が伸びやかだよ。特に歌を自分のものにする力は比類がない。若松さん、すごい子を見つけましたね」

やはり平尾さんほどのヒットメーカーには、ピンと来るものがあるらしい。しかもコニー・フランシスなどオールディーズを課題に出しても、聖子は熱心に勉強してきて瞬く間に自分のものにしてしまうという。平尾さんはそれまでも常にアイデアにあふれる方で、新しい企画を思いつくとよくCBS・ソニーに遊びに来てくださっていた。平尾さんのヴォーカルスクール出身である原田潤のシングルも、そんな雑談の中から飛び出した企画だったのだ。その平尾さんが聖子を推している。そういえば平尾さんは小柳ルミ子や天地真理、伊東ゆかり、アン・ルイスにもヒット曲を提供し、渡辺プロダクションとも縁が深い方。もしかしたら聖子とナベプロは相性がいいのかもしれない。

平尾さんの言葉に自信を得た私は、すぐさま同じく福岡にあった「渡辺プロダクション東京音楽学院福岡校」のスタッフに、聖子の資料を送っている。先々を考えると、聖子が気軽に顔を見せに行ける地元福岡からアプローチしたほうが優位性があると考えたからだ。するとその方も、ぜひ東京のナベプロ本部に資料を送ってみたいと言うではないか。さっそく渡辺プロダクション本社に連絡を取ってもらうことにした。トップ4とも言うべき幹部スタッフに相談してくれるという。

しかし、ここでも色よい回答はもらえていない。

「若松さん申し訳ない。本社がいい返事をしないいんだよ。ああいう子は売れないって言うんだ。地味だって言ってね」

「歌は？　歌は聴いてもらえたんですか？」

しかしそれ以上はどうすることもできず、渡辺プロダクション幹部からの言葉とあっては、引き下がるしかなかった。聖子の魅力は歌声にあるのに、平尾さんの推薦がありつつも思いが通じないことに苛立ちながら、私はさらに次のプロダクションを探しはじめる。しかし原石を見極めてこその芸能事務所であろう。どうしてみんなわかってくれないのだろうか。

歌謡界の中心に山口百恵

ここで少し当時の芸能シーンを思い起こしてみたい。

あの頃アイドル歌手として歌謡界の中心にいたのは、間違いなく山口百恵だった。深みと翳りのある日本的で湿度のある歌声とルックスは、70年代の人々の心をがっちりと摑み、百恵さんは間違いなくCBS・ソニーの宝、いや日本の宝だった。歌やドラマ、映画でも活躍。前年の1978年春に『プレイバックPart2』が大ヒットし、何度目かのブレイクも迎えていた。

同じく1978年春には、CBS・ソニー所属のキャンディーズが人気絶頂のまま解散していた。私もプロデューサーとしての初仕事でキャンディーズのプロジェクトに参画していたが、彼女たちは4年半の活動期間中に、吉田拓郎の楽曲を歌うなど音楽的な試みも多数残しバラエティ番組でも活躍。歌って踊ってお笑いもこなすアイドルの礎を築いていた。

この時期二人組のアイドル、ピンク・レディーも小学生や若者を中心に人気を博し、レコードはもちろんグッズも絶大な売り上げを記録。派手なパフォーマンスに加えて、阿久悠氏と都倉俊一氏が手がける楽曲で独創的な世界を築き、70年代の歌謡界に大きな足跡を記している。

また70年代は、それまでの芸能界における渡辺プロダクション一社の独占的な勢いに対抗すべく、テレビ局や新興のプロダクションが中心となってオーディション企画も盛んに行われていた。山口百恵とピンク・レディーは、日本テレビの人気番組『スター誕生!』の出身。そこに続けと同番組で発掘された石野真子や、ホリプロ独自の「ホリプロタレントスカウトキャラバン」で見出された榊原郁恵も、その好例であろう。新世代のアイドルとして、石野真子も榊原郁恵も愛らしい存在感と健康美でお茶の間やグラビア雑誌の人気者になっていた。

　しかし松田聖子は誰にも似ていなかった。

　だが落胆する必要などない、その逆だ。歌手にとって、誰にも似ていないということほど最高の賛辞があるだろうか。芸能界を生き抜く上で何より重要な唯一無二の個性。もちろん当時もいまも、私はロジカルに時代を見ているわけではない。元来の直感人間である。誰かへの対抗馬を探していたわけでもなく、純粋に自分自身でプロデュースしたい、やりがいを感じる新人を発掘していただけだ。むしろ誰のことも意識していなかった。ただ流行歌は常に時代へのアンチテーゼであり、誰かに似た存在で過去の成功をなぞってもヒットにつながらないことは重々承知していた。そんな80年代前夜ともいうべき時代の真っ只中で、私は松田聖子の歌声に出会い、強く惹かれたのだ。もしそのときの私にかけてやる言葉があるとしたら、「次々に新時代を切り開いていった聖子に、当初誰も振り向かなかったのは当然だったのだ」ということだった。

聖子からの4通目の手紙

ものづくりは既成の概念からはみ出すからこそ、面白いものが生まれ支持されていく。会社など日々のきっちりとした常識的な枠組みから逸脱しているからこそ、「芸ごと」は人々を魅了し大衆音楽が生まれるのだ。ならば、いい歌を作って広がりを持たせるには、中心にいる人間が強い意志を持って「新しい可能性」を信じ、押し進めていくしかない。

大抵の制作サイドの人間は見たことがある誰かに似た存在を選ぶが、それでは広がりは得られない。新しい可能性が理解されないのは多々あることで、逆にすごい潜在力を秘めているからこそ拒絶反応も起きるのである。少なくとも平尾昌晃さんは、聖子の歌を聴いてすぐに感じ取るものがあったわけで、それだけでもこの時点では大収穫だったと言えるだろう。

ちなみに聖子からの4通目の手紙はこの時期にもらっている。消印は3月14日。そこには、1月にわざわざ久留米まで来てもらったことへの感謝と、2月に福岡営業所で写真撮影を済ませたことが書かれていた。届いた写真はちゃんといい仕上がりだったでしょうか？　と気にかけている様子で、手紙を読み終えると、私もすぐさま聖子に電話をかけていた。この時期は芸能事務所がなかなか決まらずに、私の電話の声も歯切れが悪かったかもしれない。歌手を不安にさせていてはプロデューサー失格である。

サンミュージック・相澤社長に懇願

次の朝、私は気持ちを切り替えてアドレス帳をめくっていた。相澤秀禎《ひでよし》氏に連絡を取るためである。そう、業界でも一番アットホームで面倒見のいいことで知られる芸能事務所「サンミュージック」の創業者であり社長、相澤秀禎氏その人であった。

正直ほとんど面識はなかった。しかし、なんとか掛け合ってみるしかない。こんなときにも昔からのガッツが役立つ。私はここでも全く諦めてなどいなかった。営業時代に飛び込みで初めてのレコード店の手伝いをしたときと同じように。あるいは学生時代に東北旅行で、その日泊めてもらう家を探したように。ピュアな心持ちで門戸を叩く、それだけだった。

松田聖子は才能あふれる歌手だ。ルックスだって可愛い。絶対に売れる。それに相澤社長の元なら聖子の両親も安心するだろう。しかしこのとき相澤社長からも、すぐに返答はもらえていない。そこで私は直接サンミュージックを訪れながら、相澤社長に話をさせていただく交渉をしている。しかしあまり面識がないこともあって、なかなか取り次いでもらえない。ようやく許可が下りたのは、それから幾度か訪れた後のことであった。

相澤社長は西郷輝彦をスターダムに押し上げたのちにサンミュージックを創業。森田健作を事務所の第1号タレントとして売り出し、70年代を代表する青春スターに育てた。続く桜田淳子では、歌と芝居の表現力を存分に引き出し、女優として次なるステージへ送り出さんとするタイミングであった。また、移籍してきた都はるみを力強くバックアップし、『北の宿から』では都はるみ4度目のミリオンセラーを記録。

新人たちについては、相澤社長の自宅敷地内にある寮で社会人としての基本を教え、しっかり育てていることも聞いていた。聖子を託すには間違いなく申し分のない事務所だった。

1979年5月、私はようやく相澤社長に直接会う機会を得ると、聖子のことをぜひ預かって欲しいと嘆願している。しかしこのときも、答えはつれないものだった。聞けばサンミュージックは、他にもデビューさせようとしている新人が既にいて、レコード会社は同じCBS・ソニーだという。だが「それでも構いません」と私は食い下がった。こうして私の日参は続いた。

するとある日のこと、「どうして、そこまでうちの事務所にこだわるのですか？」と相澤社長に聞かれるのである。さすがに「直感です」とは言えなかったが、私はすぐさまサンミュージックに対してかねてから抱いていた「アットホームで良心的な事務所としての信頼感」について伝えた。何より父親の反対を押し切って預かる子である。社長は静かに私の話に耳を傾けてくださっていた。「若松さんがそこまで言うなら、うちのスタッフを集めるので、一度本人を連れて来てくださいませんか」。その言葉を相澤社長からいただいたのは数日後だった。

熱意が通じたのか、あるいは、いまや人気レコード会社へと成長していたCBS・ソニーのスタッフを袖にしてはいけないと思ったのか。いま考えれば、なんの実績もない私が、相澤社長の誠実なお人柄に救われた形だったと思う。

なんとしてもデビューさせる

この前後のタイミングで聖子からもらった封書が、5通目の手紙である。消印は5月

21日。そこにはこんな感じのことが綴られていた。

毎日勉強にスポーツに頑張っています。歌手になる許しが出て成績が落ちたと言われてはいけないし、勉強も運動も頑張っています。クラブ活動はバレーボールをして週末には友達とテニスも楽しんでいます。今度6月にサンミュージックに伺うときは、とにかくリラックスして面接にパスできるように頑張りたいと思っています。

この真っ直ぐな気持ちに触れて、私は「なんとしてもこの子をデビューさせる、彼女を必ずパスさせる」との想いを改めて強くしていた。

そして1979年6月2日、私は聖子を連れてついにサンミュージックを訪れている。聖子は高校3年、3月に17歳になっていた。事前にテープで歌声は聴いてもらっていたが、これが事実上の面接であり採用の可否がこの日にかかっていることは、聖子も私もよくわかっていた。

サンミュージックの会議室の大テーブルには、相澤社長をはじめ社員スタッフが20人近く集まり、よく見ればご近所ということもあってか、販売促進部時代から存じ上げていた文化放送の重鎮の方も連なっていた。私は一瞬息を飲み緊張していたが、聖子はいつものように明るく元気に挨拶していた。しかしこの期に及んでも、15分という短い時間でスタッフの面接は終わっている。「殺風景」とまでは言わないが、あまり大した質問もしてもらえず不満を感じていたのが私の正直な感想であった。

翌日、相澤社長に連絡を取るが、こちらの強い決意とは裏腹に社長からも浮かない声が返ってくる。「数人は気に入っていたけど、みんなあまりいいとは言ってくれなかった。申し訳ないがウチでは無理だと思うんだ」と相澤社長。「いや、そこをなんとか」。ここでも詰め寄る私に、社長は困ったような反応であった。

どうしたものか。サンミュージックほど良心的な会社はめったにない。しかも既にいくつもの事務所に断られていた私は、もうここに預かってもらうしか道はないと自分自身を追い込んでいた。

聖子の声を初めてテープで聴いてからは既に1年以上の時が過ぎ、父親から歌手になる許しをもらってからは半年。普通のプロデューサーだったら、とっくに諦めてしまう時期だったかもしれない。しかしそのときの私に、戻るという選択肢はなかった。プロデューサーとしては背水の陣。このまま引き下がるわけにはいかなかったのだ。まして聖子自身は全く諦めていない。

愚直だが、再び相澤社長の元へと日参の日々が始まることになった。

少女らしい清廉な文字

この次の日、聖子から6通目の手紙が届いている。1979年6月3日消印。聖子からもらった手紙はこれが最後だが、全てがいまも私の宝物となっていることは言うまでもない（5頁の写真）。聖子も最後の最後まで諦めずに、常に前向きな言葉を私に送り続けてくれていた。このときも、前日の面接の結果を気にしながらもお礼の言葉が、しっかりとした少女らしい清廉な文字で書かれていた。私は聖子への連絡を保留にしつつもその思いを受け、もちろん自分自身の気持ちも固めて、再び相澤社長のところへと頭を下げに訪れた。

この時点での唯一の理解者、平尾昌晃さんには、後に聖子の3枚目のシングル『風は秋色』の両A面として『Eighteen』という曲を作曲していただいている。聖子が80年の春からレギュラー出演していたＮＨＫの『レッツゴーヤング』で平尾さんが司会をしていたという縁もあり、『レッツゴーヤング』では『Eighteen』を月間推薦曲として歌わせていただいた。平尾さんには、いまも心から感謝している。平尾さんによると、福岡時代から聖子の声には、西田佐知子やちあきなおみにも通じる艶があり、プロになったら必ず成功するという強い意志をいつも本人から感じていたという。当時、相澤社長に平尾さんの言葉を伝えたかどうかは覚えていない。ただ、その感想は少なからず私に勇気を与え、その後も諦めることなく相澤社長にアタックを続けられた理由の一つとなっていた。

そしてもう一つ私を支えていたものをあげるとしたら、子供のころに見た景色があったかもしれない。何かを待つとき、私の目の前には、幼い頃に歩いた道がいつも浮かんでくるのだ。

私が生まれ育ったのは田園風景が広がる福島県の片隅で、小学校への通学路は実に長く厳しかった。特に秋から冬にかけては皮膚の感覚がなくなるほど風は冷たく、真冬は寒さを通り越し痛さも感じなくなる。当時は現在のような高機能の防寒着もない。思えばずいぶんと過酷だったが、あまりにも当たり前の日常だったため特に疑問も抱かずに、私はいつも前だけを見て歩いていた。

聖子は逆に九州ののどかな気候の中で育った。ときには満開の桜が咲き誇る川沿いを歩いたり、あるときは緑の息吹を深呼吸しながら通学路を通っていたという。

故郷が大切なのは、子供時代の原風景がその人に語りかけ、知らず知らずに未来への道筋を示すからではないだろうか。歩いていけば、その先に学校や温かい食卓があり、時が過ぎれば草花が芽吹く春が訪れる。歩き続ける先には、必ず春が待っているのだ。

はたして掌に舞い降りるのは、水気をはらんだ重く凍えるボタ雪か、それとも未来を予感させる軽やかな薄紅の花びらか。答えは後者だった。

数日後、相澤社長の所属許可が下りたのだ。

多くの人に愛される資質

「ウチではいま別の新人の準備をしているから、来春に高校を卒業してから1980年秋以降のデビューならいけると思う」というのが相澤社長からの提案であった。正直ホッとした。とりあえず未来を照らす光は見えてきた。その先のことは後で考えればいい。

私は、裏表のない相澤社長の篤実な対応に深く感謝した。いまでもこのときの縁に間違いはなかったと確信している。サンミュージックだからこそ聖子ものびのびと成長することができたし、信頼して私に託してもらえた。そしてそれが何よりの成功の鍵だったと思うからだ。

ちなみに聖子がミスセブンティーンの九州大会で、同じサンミュージック所属である桜田淳子の『気まぐれヴィーナス』を歌っているのは偶然のこと。純粋に聖子がファンだったからである。よくある同じ事務所の先輩を讃えるために後付けされたストーリーではなく、逆に言えばそれだけ強い縁があったということかもしれない。しかもサンミュージックの創業年度はＣＢＳ・ソニーと同じ１９６８年だった。

さっそく蒲池家に報告すると、電話越しに歓声が上がったのは言うまでもない。ただしみなさん喜びつつも、母親の一子さんからデビューの時期はなるべく早い方がいいのでは、という提案があった。確かに「芸ごと」の世界において、タイミングや時期は運勢を大きく変えてしまう重要な要素である。私は、母親の考えに完全に賛成であった。翌日にそれを相澤社長に相談すると、「若松ちゃんに強い考えがあるなら、尊重するよ」

と返答を頂くことができた。

それから一度私は、サンミュージックのスタッフとともに久留米の蒲池家を訪れている。蒲池家は予想した通りの古き良き堅実な家庭で、清々しい空気に包まれていた。私たちが室内に上がると、気づけば玄関で聖子が自然に靴を揃えてくれていた。床の間のある座敷で父親と私たちが話しているときには、窓側の廊下から聖子が膝をついて挨拶しながらお茶を運んできてくれた。この日のことも忘れられない思い出の一つだ。松田聖子との出会いにおいて、私は「この子は別格だ」と感じる瞬間が幾度もあったが、このときもそうだった。聖子は多くの人に愛される資質をいくつも兼ね備えていたのだと思う。結局、私が久留米を訪れたのは、このときと同年1月の2回だけだ。しかし、緑豊かなこの地で真っ直ぐにすくすくと育った聖子の故郷を知ることができたのは大きな収穫であった。

その後すぐに聖子の上京の日程も決まる。忘れもしない1979年7月2日月曜日のことである。

第4章　デビューのための上京

土砂降りの福岡空港

その日取りは急に決まってきた。一つは私も聖子たちも、デビューはなるべく早めがいいと考えていたからだ。もう一つは、ちょうど同時期に聖子の父親の東京出張があり、一緒に上京するのが一番いいだろうという話になったからであった。

今でも克明に覚えているのは、当日の早朝のニュースで、福岡空港は朝からどしゃ降りだと放送していたこと。まだ梅雨明けを迎えていなかったのかもしれない。私はなんとなく心配になり、早めに羽田に向かうと10時くらいからずっと空港で待っていた。1時間くらい経った頃だろうか、聖子と父親が無事に到着しタラップから降りてくるのが見えた。遠目にしか見えなかったが、その姿はいまも鮮烈に私の脳裏に焼き付いている。

聖子は、小さなみかん箱に入れた荷物を両手で抱え、ピンクのビニール傘をその上にちょこんと乗せていた。

思えば聖子は最初からピンクが似合っていた。この日から約1年後に発売された1枚目のアルバム『SQUALL』のキーカラーがピンクだったのも、聖子を見たカメラマンやアートディレクター、そして私の、誰からともなく自然に浮かんだ色がピンクだったからだ。その後もいくつかの楽曲にピンクというキーワードが使われたのも同様。生来もともと持っていたオーラがピンクだったのかもしれない。記憶を辿れば、ポップで透明感のあるおしゃれなピンクのカラーリングは、70年代にはあまり見られなかった気がする。同じピンクでも70年代という時代はどこか翳りがあった。しかし聖子が持っていた色合いは明るく、熱帯のフラミンゴやビーチパラソルをイメージさせるような新時代のパステルトーンだったのだ。

その日私たちは聖子を、成城にあるサンミュージックの寮へ送り届けた。父親は2泊3日ほどの滞在だったと思う。そして最終日、再び父親は成城の寮へ足を運ぶと、娘を預かってもらうお願いの挨拶をしていた。すると聖子は別れ難くなったのか小田急線に乗ると、父親を見送るため新宿まで一緒に出てきたのだ。このとき私たちは、小田急デパートの地下にあった大きな喫茶店でお茶をしている。夏の暑い盛りで西新宿のロータリーの木々から、蟬の鳴き声が聞こえてきそうな午後であった。

静かに伝う涙

アイスコーヒーをオーダーする父親と私。聖子はアイスクリームを頼んでいた。しかし、あまり口にしていた印象がない。私たちは天気のことなどたわいもない話をしていたが、そのうちアイスクリームが溶け始めた。そしてふと気づけば、聖子がひそやかに泣き始めていたのだ。静かに、幾条も頰に涙が伝う。今までのことが心をよぎるのか、あるいは一人親元を離れることに不安を感じたのだろうか。私も一瞬もらい泣きしそうになっていた。

すると父親が言った。

「法子ちゃん、いまから一緒に久留米に帰ろう!!」

しかし聖子は泣きながらもきっぱりとした口調で答えた。

「帰りません！　私はがんばります!!」

このエピソードは過去にも幾度か披露したことがある。親元から巣立っていく際の涙は、誰もが人生で経験することかもしれない。けれど、何度思い出してもあの瞬間に見たのは、夢を叶えようとする強い意志の結晶であり、松田聖子を支えてきた揺れ動くことのない強さの根幹だったように感じる。歌手になりたい、歌を歌って誰かに届けたい。親を説得し、その意志を真っ直ぐに貫いてきた聖子の決意は、揺れ動く17歳の頬に純粋な光を記していた。そして、何十年という年月が過ぎたいまもあの瞬間を私が忘れられないのは、聖子だけでなく、私にとっても大切な新しい日々のスタート地点だったからに他ならない。

それから新宿駅で聖子を見送った父親は、四谷のサンミュージックにも挨拶を済ませると、その足で久留米へと帰っていった。一人きりの最終便はどこか侘しいものだったかもしれない。

しかしその1年後、松田聖子は生放送の歌番組で羽田空港から歌を披露している。曲は大ヒットした『青い珊瑚礁』。言わずと知れた『ザ・ベストテン』の名場面である。航空会社や空港はもちろん、当時の運輸省にも話を通して実現した前代未聞の飛行場からの中継であった。「すごいことをするなぁ」と驚嘆したことは言うまでもないが、聞けば、出演時間に合わせて飛行機の速度を落としてくれと番組プロデューサーが放送中に航空会社に掛け合ったというではないか。もちろん航空力学的には不可能なことであったが、滑走路を少し大回りして放送時間ちょうどに飛行機が中継地点に到着。全日空のジャンボ機のタラップから笑顔で駆け降りてきてすぐに歌う聖子は、背後にジェットエンジンの音が響く中でもヘッドホンで演奏を聴きながらしっかりとした歌唱で『青い珊瑚礁』を披露し、実に頼もしかった。飛行機も南洋への旅立ちのイメージにぴったりだった。

この番組にはそれ以前に注目の新人として一度出演させてもらっていたものの、正式にランクインしてからは記念すべき初出演だった。番組側のスタッフも新時代のスターの誕生を感じて、こんな大舞台を用意してくれたのかもしれない。10分を割いての中継にCBS・ソニーやサンミュージックのスタッフが歓喜したのは言うまでもない。父親もきっと1年前のこの日を思い出しながら、嬉しく中継を見たはずだ。その気持ちは私も同じであった。

堀越学園への編入

1979年の夏に話を戻そう。福岡から出てきたばかりの聖子はまだ単なるタレントの卵にすぎず、レコードデビューの日程すら決まらないままであった。本人はもちろん両親からも高校をしっかり卒業することが希望としてあったため、取り急ぎ高校編入の手続きを済ませるため、私は聖子に付き添い、芸能人が多く通う堀越学園高等部を訪れている。この時期はサンミュージックの寮に入っていたとはいえ、まだスタッフが付くことはなく、いわば研究生と言った立ち位置だった。入学後しばらくしてから実施されていた修学旅行や学校行事の費用も、わずかながら私がポケットマネーで払っていたくらいだったのだ。

そんな堀越学園での入学手続きの際に、小さな事件があった。廊下で待っていた私のところへ担当の教師が教室から出てきて耳元で囁いたのだ。

「あの子、本当に歌手としてやっていけますかね？」

まさか教師からそんな言葉を言われるとは。一瞬驚いた私であったが、即座に「大丈夫です。間違いありません！」と強く答えていた。

福岡から出てきたばかりの聖子は、まだ純朴そのもの。その教師が毎日目にしていた他の現役タレントとは、確かに少し違って見えたのかもしれない。心配して思わず出た言葉だったと思うが、ここでも私はこの一言を褒め言葉と捉えることにした。松田聖子は唯一無二の可能性を秘めたスターの原石なのである。心配には及ばない。聖子は必ず成功する。

原石の輝きに気付く人は一人かもしれない。しかしそれが本物の原石であるなら、少し何かとぶつかるたびに欠片が取れ、表面が光り、複数の理解者がその変化に振り返り始めるのである。

そして私の確信通りに潮目が動きだした。

松田聖子はよくいるタレントの卵などではなかったのだ。それからの日々、聖子は目にするものを次々に吸収して、蛹が蝶になるように才能を猛スピードで開花させ成長していく。しかも私が見込んでいた歌の才能だけでなく、芸能人にとって不可欠な頭の回転の良さやタレント性も突出して高いことに、周りの誰もが気づきだすのである。

増え始めた業界内のファン

秋口にかかる頃だろうか。サンミュージックのスタッフ・杉村昌子氏からある報告が入る。

「若松さん、不思議議なんだけどね。法子ちゃんをテレビ局や出版社に連れていくと、みなさんからすごく評判がいいのよ」

聖子はこの時点ではまだ「松田聖子」という芸名も決まっていなかった。しかし杉村さんが、事務所の他のタレントの資料を持ってマスコミ各社を回る際に聖子を一緒に連れていくと、なぜか業界の方々の反応がとてもいいのだという。当時聖子は学校帰りにダンスのレッスンのために事務所に立ち寄っていたのだが、杉村さんは、空き時間を見つけてはそんな聖子に声をかけ、一緒にメディア各社へ連れていってくれていたのだ。

後に聖子が「ザ・ドリフターズ」や「あのねのね」の面々などと番組で絡んではコントを繰り広げていたのをご記憶の方も多いと思うが、聖子はタレント的な反射能力も非常に長けていた。実はレコーディングの際もケラケラと楽しそうに笑っているような子で、その明るさにいつも私たちは助けられていた。冗談で「もしかしたら、お笑いもいけるんじゃない？」と言っていたほどだ。この時点でそれをテレビ局や出版社の人々が感じ取っていたとしても不思議はない。

ただ、この時期になっても、まだレコードデビューの具体的な日程や内容は決定していなかった。もちろん私自身はレコード会社のプロデューサーとして「1980年4月デビューです」とサンミュージック側にも周囲にも宣言していたのだが、事務所からの全面的なバックアップがなければ、動きが取りづらいのは自明の理だった。

この時期の私たちのルーティンは、毎週乃木坂のヴォイス・トレーニングに通うことであった。東京藝術大学音楽学部声楽科出身の笠井幹男先生の事務所でレッスンを受けるためである。70年代から80年代にかけてのアイドルたちは、ほとんど笠井先生の門を潜っている。口をはっきり開けて発声するための練習として、鼻の下に鉛筆を挟んだまま歌う独特のレッスンで、1回が1時間ほどだったろうか。

この頃、聖子は成城学園前から乃木坂まで慣れない東京の電車を乗り継いで通っていた。小田急線と千代田線の相互乗り入れがスタートしたのが1978年。まだ松田聖子を誰も知らない、そんな時期だったのだ。そしてレッスン後はいつも、乃木坂にあった

「器《うつわ》」という名の喫茶店でお茶をした。近況の確認である。

小さな喫茶店でテーブルは三つくらいしかない。6人から7人も入れば満席となってしまうような、こぢんまりとした居心地のいい空間だった。ここで毎回、最近学校はどうだとかテレビはどんな番組が面白かったかなどたわいもない話をするのだが、聖子は当然、早くデビューしたいといつも熱く語っていた。しかし聖子によれば、事務所は、来年の秋にならないとデビューは難しいと話しているという。それに対し私は常に「大丈夫、必ず春にデビューできるから」と応えていた。根拠はなかったが、レコード会社のプロデューサーである私がそう決めている以上、1980年春のデビューについて、私自身は1ミリの迷いもなかった。日々事務所と話し合いながらも、機が熟すのを待っていたのだ。

話は逸れるが、その喫茶店では、必ずと言っていいほど隣の席でプロレスラーのジャイアント馬場さんもお茶をしていた。いつもリラックスしながら宙を見つめてのんびりとされていたが、馬場さんは当時から日本武道館などでも試合をするほどの人気者。行くたびに1メートルもないすぐ隣によく座っていらしたのだが、誰一人サインを求めることもなく、周囲の人が馬場さんのプライベートな時間をそっと見守っていたのが印象に残っている。
もしかしたらその様子を見て、聖子も東京の片隅にいる実感を嚙み締めていたかもしれない。英気を養う休日の大スターと歌手の卵。きっと馬場さんは、隣にデビューを控えた高校生と担当者がいることぐらいはわかっていただろう。その人の運命が動くときに、意外な人物と偶然に出会うことが増えると聞いたことがあるが、私は、これはきっといい知らせに違いないと確信し、聖子と馬場さんの体の大きさも随分と違うユーモラスなツーショットを見つめていた。
1979年、秋のことであった。

レコードデビューと「もう一人の新人」

聖子のデビュー日がなかなか決まらないのには理由があった。前にも少し触れたが、1980年のサンミュージックには既にデビュー予定の「もう一人の新人」が別にいたのだ。しかもレコード会社は聖子と同じCBS・ソニー。担当するのは酒井政利氏が率いる企画制作2部。同年に、同じ事務所、同じレコード会社という布陣は一般的には考えられないことで、どうしても販売促進部内でプロモーション費用の取り合いとなり、両者とも虻蜂取らずとなってしまうのがオチだったからだ。だがそこを、なんとか調整したいと孤軍奮闘していたのが私の腐心の実情だったのである。

そんな中、聖子はそういった大人の事情とは関係なく、自身のあっけらかんとした魅力で、12月にはニッポン放送のラジオ番組『ザ・パンチ・パンチ・パンチ』のオーディションに合格。放送は1980年1月からのスタートだった。ニッポン放送ではその後も『夢で逢えたら』というレギュラー番組をいただいている。この番組は、テレビでの短いトークでは伝わらない聖子の快活なキャラクターを知ってもらう絶好の場となった。

次には1979年12月から放送された『おだいじに』というドラマで、サンミュージックの先輩・太川陽介の恋人役を演じることになる。やはり事務所の先輩であった香坂みゆきへのオファーだったが、スケジュールが折り合わずに代役を探していたところ、聖子を急遽突っ込もうという話になったのだ。

よくよく運の強い子だと思うが、実はプロモーションでマスコミ各社を回る際の好反応を受けて、サンミュージック内にも少しずつ聖子を推してくれるスタッフが増え始めていたのだ。ただしドラマについてはキスシーンもあり、歌手デビュー前の高校生には少々ハードルが高かったようだ。聖子が、芸能人としてやっていく本当の意味での覚悟がそのとき固まっていたかどうかは定かではない。しばらくしてから、キスシーン撮影の際に涙が自然と溢れ、共演の太川さんを困らせていたと聞いた。しかしである。聖子は泣きながらも台詞を最後まできちんと言い切り、それがとても自然に感じられて1回でOKをもらったというではないか。

しかもこの涙は、業界でも評判を呼び、共演者やテレビ局のスタッフからも大きな評価を受けていくことになる。このとき、聖子の感受性の豊かさを目の当たりにした人々は、聖子が何か特別なものを秘めた子だと気づき始める。

何より重要だったのは、このドラマに出演するにあたって正式に芸名が決定したことだ。しかも芸名がそのまま役名として採用され、「松田聖子」の名を世間に知っていただく第一歩となった。命名したのは、サンミュージックが以前から懇意にしていた占い師の沖紘子さんで、森田健作、杉田愛子などサンミュージックの他のタレントを名付けたのも、沖さんであった。当時をよく知る方はみなさんご存知だと思うが、サンミュージックのタレントはみな、森田、桑田、杉田など、「田」がつく芸名を付けてもらっていた。ただし当初聖子がもらったのは少々地味な別の名前。

これについては私もいまひとつかなと首を傾げていたのだが、しばらくすると今度は

「松田聖子に変わりました！」と聖子自身が笑顔で報告してきた。真相は知らないが、本人を含め周辺のスタッフも何か主張してくれていたのかもしれない。いずれにしても芸名は芸能人の顔であり、タレントの未来を大きく左右する重要な分岐点。私はこのとき「やはりこの子には何かがある」とひそかに思ったものだ。

松田聖子。今でこそそれ以外の名前が思いつかないほどピッタリの芸名だが、この命名によって、ようやく聖子は芸能人の仲間入りをすることになったのである。

運を引き寄せる力

そんなとき、サンミュージックの「もう一人の新人」にトラブルが起きてしまう。私は全く知らないことであったが、2月のデビュー曲で予定していた輸入シャンプーのタイアップが急遽中止になったのだという。コマーシャルで大量の露出がなされれば巨額のプロモーション費用をかけずとも、テレビやラジオを通じて自然に視聴者の耳に楽曲が届く。新人歌手にとっては大変大きなアドバンテージだ。ところがシャンプーの発売直前に日本ではまだ認可されていない成分が含まれていることが判明し、シャンプーの発売はもちろんプロモーションも全て流れてしまうことになる。

一方で聖子は1980年初め、NHKの『レッツゴーヤング』のレギュラーも決めている。ドラマ『おだいじに』以降、世間の注目は確実に聖子に集まっていた。しかもこの年の『レッツゴーヤング』には、前年から放送中のTBSドラマ『3年B組金八先生』で人気を博していたジャニーズ事務所の田原俊彦くんも出演を決めていた。同期として切磋琢磨し共演するたびに話題になっていく二人だったが、相乗効果で多くの人に聖子を知ってもらう絶好の機会になったのは間違いないだろう。後に共演したグリコのCMもそうだったが、二人の明るいおしゃれなキャラクターは80年代の始まりにぴたりとハマっていた。

業界内での評判を受け、サンミュージック内でも松田聖子のレコードデビューを早める方向へ風向きが変わっていく。「若松さんがそこまで言うなら」という話にはなっていたが、当初事務所サイドが提案していた1980年秋ではなく、私が主張していた1980年4月1日でついにGOサインが出されるのである。4月のデビューは、賞レースなどがあった当時の新人歌手にとっては、願ってもない日取りであった。私は急いでデビュー曲の最終調整を始めた。

この時期、私は聖子のことにだけ集中し、聖子もまた目の前の課題に必死に応えているだけであった。ただ、芸能事務所やレコード会社が新人を売り出す際には、それなりの予算をかけてプロモーションしていく。その額や使う方向性に、デビュー曲の売れ行きはもちろん、テレビや雑誌での露出や取材の回数などが影響していくのは自然なことだった。一つだけ言えるのは、松田聖子に大きな流れが到来し、引き寄せたのは、他ならぬ聖子自身の明るさやタレント性だったということ。それは間違いがなかった。

この出来事に限らず、「芸ごと」には常に複雑な運がつきまとう。誰かを蹴落とすといったことでは決してない。日頃から努力し自分の夢に意識を集中させ出番を待つ。そして波が来たときには迷いなく飛び乗る。それだけだったのだ。

また同時期に、山口百恵さんの結婚と引退も社会的な大ニュースとなる。それによって聖子のことを「ポスト百恵」として取り上げていただく機会も増え、注目が集まったのは確かだったかもしれない。マスコミ的にはそういう取り上げ方が、わかりやすかったのだろう。ただ私は、もしも百恵さんがあのまま芸能界に残って活躍を続けていたとしても、聖子は聖子で人気が出たと確信している。それくらいに二人は別の個性であったし、百恵さんも唯一無二の存在であり誰かと比較できるような方ではなかった。

そして何より大切なのは、松田聖子は誰にも似ていなかったということ。百恵さんの引退によってCBS・ソニー内で何か流れが変わったわけでもなく、聖子は聖子の個性で運を引き寄せていったのだ。全く別の個性だったからこそ、なおさらよかったのかもしれない。

『裸足の季節』はまさに裸足のままで

1980年の2月はとてつもなく慌ただしかった。松田聖子という壮大なプロジェクトが、ついに動き始めたからだ。この時期になるとサンミュージックのスタッフも積極的に動き始め、CBS・ソニーの販売促進部にも熱心に足を運ぶようになる。大手芸能事務所であるサンミュージックが大プッシュすれば、レコード会社の販売促進部のスタッフも、熱を入れてプロモーションしないわけにはいかない。つい先日まで、デビューするかどうかもままならなかった話がいきなり逆転。全てが松田聖子のデビュー日に向けて動き始めたのである。

嬉しかった。私が2年近く前に彼女の歌声を社内のスタッフに聴かせたときのことなど、もはや誰も覚えていなかった。私は、平静を装いながらも心の中で大きくガッツポーズを作っていた。そして同時にこのときから私は、ファンの方の心に届くような素晴らしい楽曲を仕上げていくことを心に誓い、全ての力を楽曲制作に注ぎ始める。

私がプロデュースした松田聖子の曲のタイトルは、ほとんど私が付けたものだ。デビュー曲の『裸足の季節』というタイトルも、もちろん私がひらめいて決めたものである。歌詞に「裸足の季節」という言葉は特に登場していなかったが、松田聖子のフレッシュな魅力を表現するキーワードとして、不意に浮かんだ言葉であった。これまで数々の楽曲のタイトルを付けてきたが、個人的にも最も秀逸なネーミングの一つだと自負している。聖子自身の爽やかさ、歌詞の世界との親和性、何より覚えやすい普通の言葉の組み合わせなのに、全く新しいイメージを想起させる言葉であったこと。そして聖子自身も、まさにいま裸足で走り続けているといった、そんな意味合いも込められていた。

デビュー曲を書いてもらうにあたって、当初私は作曲家の筒美京平氏に連絡を取っている。言わずと知れた60~80年代に数々のヒット曲を世に送り出したヒットメーカーである。ところがすぐに「多忙により当分は順番待ちである」との返事が届く。正直に言えば、何か見えない力が働いていたのかもしれないと勘繰ってしまうほど、あっさり断られてしまっているのだ。しかし、いまとなってはそれで良かったと思っている。そこから急に私の思考回路がクリアになり、プロデューサーとして迷いを抱えていた心が、一気に晴れていったからだ。

これら一連の出来事は、全て松田聖子という歌手が持っていた強運だとも言える。そもそも70年代のアイドルのほとんどが筒美氏からの曲提供を受けていた。しかし、だとしたら、松田聖子の作家陣はもっと冒険心を持って新しい才能を開拓していくべきだったのだ。私はすぐに自分の考えを改めた。いつもの前向きな切り替えだ。A案がダメならB案へ、過去は引き摺らないのが私の主義である。

すると、その頃私が好きだったヒット曲が自然に頭に浮かんできた。サーカスの『アメリカン・フィーリング』。明るくて洋楽的、西海岸のポップミュージックを連想させる爽快なメロディ。聖子の明るい伸びやかな声に似合うのは、南太平洋の青空や爽やかな風が思い浮かぶ、リゾート感溢れる旋律に違いない。

このときついに私の「直感力」にスイッチが入り、フルに働き始めるのである。

小田裕一郎さんの自宅兼オフィスへ

作曲家の小田裕一郎さんのセンスの奥深さを『アメリカン・フィーリング』一曲から感じ取った私は、すぐさま連絡を取り、数日後にはもう小田さんの自宅兼オフィスにおじゃましていた。少し話してみると、小田さんは非常にレスポンスが早くアイデアにあふれる方で、ギタリストとしても活躍されている理由がよくわかった。ミュージシャンはテクニックだけでなく、人柄や勘どころが良い方でないと務まらない。さらに聖子の歌を吹き込んだテープを聴かせると、その場でオファーを快諾。「非常に面白い。ぜひやらせてほしい」と即答でOKしてくださったのだ。

小田さんは、予想通りアメリカンポップスにも非常に精通されている方で、私が「聖子の声は、明るい南太平洋の青空を連想させるような歌声なんです」と熱弁を振るうと、そこにも強く共感してくださった。こうして完成したのが『裸足の季節』だったのである。

アレンジャーの信田かずおさんも、このとき小田さんに紹介していただいている。私にとって、小田さんも信田さんも初めてお仕事をする方だったが、非常に洋楽的なセンスの持ち主で、聖子の明るい声にフィットする新しいサウンドを必ず作ってくださるに違いないと最初から成功の予感がしていた。私はついに始まったデビュー曲の構想に胸が高鳴り、プロデューサーとしての醍醐味を再び思い出し始めていた。ワクワクとして血がたぎるあの感じ。好きなこと、楽しいことの先に未来はある。

作詞についてはサンミュージックのスタッフの推薦もあり、三浦徳子さんにお願いすることにした。三浦さんも当時、最も脂が乗っていた作詞家のお一人。独特の視点で、聖子のリゾート感溢れる爽やかな世界を構築し、デビュー当時の躍進を大きく後押ししてくださった。三浦さんもまた聖子の秘めたポテンシャルをとても面白がっていた方で、のちに聞いた話だが、当時同時期に別の新人歌手のプロジェクトに参加していたのを断って、聖子一本にかけてくださったそうだ。そこまで聖子の声の魅力に惚れ込んでいただけたのも嬉しいことだった。

そして幸運なことにこのタイミングで資生堂のCMタイアップの話が舞い込む。「エクボ」という洗顔フォームのCMキャラクターとキャンペーンソングを歌う歌手を探していると言うではないか。すぐさま私はその話を受けて、歌詞に「エクボ」というキーワードを入れてデビュー曲の調整に取りかかった。こうして松田聖子の記念すべきファーストシングル『裸足の季節』の完成の日が、刻々と近づいていったのである。

CM撮影前の「エクボ」事件

「エクボ」のイメージガール・オーディションは、約2000人が受けたという。聖子もその中の一人だった。しかし、ここで事件が起きる。ほぼ最終決定という段階でのテスト撮影中に、聖子にエクボが出来ないことがわかるのだ。何度か撮影をしたが、やはりエクボが見当たらない。そのため残念ながらCM出演の話は、この時点で一度流れてしまうのである。しかしここでも奇跡的なリカバリーが起きた。落胆したのも束の間、博報堂のプロデューサーの方が資生堂に大プッシュしてくださり、なんとか歌だけは使われることが決まるのだ。陰でサンミュージックのスタッフも、クライアントに何度も足を運んでくださっていたと聞いた。事務所もいよいよ本腰を入れて聖子の売り出しを始めてくれていたのだ。運が転がり込んできたというよりは、聖子自身が運命を引き寄せた形だった。

ガラスブースの向こうの涙

明るさと素直さ、何より一生懸命な気持ちが松田聖子の魅力だ。フレッシュな笑顔には誰もが引き寄せられる。それを聖子は歌手として自然と体現していた。ご両親から受け継いだ気質も大きかったと思う。考えてみると、聖子の母親はどんなときも明るく大きく構えていた。あれだけ頑固だった父親も話してみると飄々として細かいことを気にしない明るい性格であった。何度もご両親との交渉を続けていた私だったが、だからこそわかる二人からのギフトをここでも感じずにはいられなかった。

『裸足の季節』のレコーディングは2月末に行われた。聖子の初めての歌入れである。スタジオには資生堂や広告代理店の方々が集まってくださり、意外にも賑やかなスタートとなった。芸能人は寂しいよりは賑やかな方がいい。何より「華」が大事な仕事だ。松田聖子はスターになるべくして、いまこのスタジオにいる。船出にふさわしいレコーディングとなり、私も成功への確信をさらに強めていた。

そしてついにレコーディング開始。しかし次の瞬間ガラスブースの向こうに目をやると、マイクの脇でこちらに向かってぺこりと頭を下げた聖子の頬に、涙が流れ落ちていくのがわかった。『瑠璃色の地球』の一節ではないが、まさに泣き顔が微笑みに変わる瞬間。私がこれまでの人生で見たなかでも、最も忘れがたい嬉し涙であった。苦節何年という言葉があるが、聖子がミスセブンティーンのオーディションを受けてから約2年の月日が過ぎていた。感極まるものがあったに違いない。ただ現実的な話をするなら、涙は喉を締め付けるのでレコーディングでは禁物。落ち着くまで少し時間を取ると、その後聖子は笑顔で『裸足の季節』を一気に歌い切っていた。会心の出来だったと思う。

ちなみに、いくつかあったテイクの中で、少しつたない歌い方のものを私が選んだという話は、都市伝説ではなく本当のことである。これは、歌は何度も歌い込んでバランスを考えた歌唱より、荒削りでも、風が吹き抜けるようにどこかさりげない歌い方のほうが人の心にスッと入っていくというのが私の信条だったからだ。この考えはその後も終始一貫しており、私がプロデュースしている間は、あえて曲を早めに聖子に渡すことはなくその場で覚えてもらうことを心がけていた。それはデビュー曲から貫かれていたのである。

もう一つ、『裸足の季節』について忘れ難いのは、当時から多くのアーティストに支持されていたカリスマ・レコーディングエンジニアの内沼映二さんの言葉だった。普段は寡黙な内沼さんが、ミックスダウンを終えて仕上げた曲をわざわざプレイバックして、

「この子、売れそうだね」とポツリと言ってくださったのである。誰より多くのアーティストの生の声を聴いている内沼さんがそう言ってくださったことで、背中をポンと押された気がして、前に進む勇気をいただいた。その時点では、まだたくさんいる新人の一人にすぎなかった松田聖子を、業界のど真ん中にいる方が褒めてくださったのだ。実に嬉しかった。

『裸足の季節』のサンプル盤が上がってくる頃には、社内でも嬉しい出来事があった。定例の新曲会議で、営業部から「そんなにいい子だったら、どうしてもっと早く教えてくれなかったんだ!!」とお叱りを受けてしまうのである。私としては、前から強力な新人として何度も説明していたのだが、どうやら伝わっておらず、呆れるというよりは嬉しい出来事としてこれを受け止めるしかなかった。日常的にレコード店とやりとりをしている営業部としては、新人の情報は重要な営業コンテンツとなっていく。テレビやラジオ、雑誌などマスコミ関係と連携する販売促進部ではサンミュージックとの綿密な打ち合わせが進んでいたが、営業部にはまだその内容が伝わりきっていなかったのだ。

さらにその流れで「本人をもっと会社に連れてきてくれよ」と各部署から頼まれるよ

うになり、デビュー直前の3月、聖子は何度も市ヶ谷のCBS・ソニーに足を運んでいる。しかも私が聖子を連れて社内を回り、「今度4月1日にデビューする……」と言いかけると、「若松さんはいいから、もっと聖子ちゃんに喋らせて」などと言われる始末。しかしそんなときも聖子は、すっとんきょうな声で「えっ⁉ 私が喋るんですか? えー私? はい、ではー今度デビューします松田聖子です!」などと即座に笑顔で返す。何か飛び抜けて面白いことを言うわけではなくても、その愛嬌溢れる受け答えと笑顔に、どんどんCBS・ソニーのスタッフも引き込まれていったのは言うまでもない。

そのとき聖子の目に市ヶ谷のCBS・ソニーはどう映っただろうか。1973年に完成した本社社屋は、創業からの大躍進によって瞬く間に建造され、完成してまだ7年しか経っていなかった。しかも、ニューヨークのCBS本社を意識して建てられた真っ黒な外壁の建築は、「黒ビル」という愛称で社内外から讃えられるほどモダンなつくり。デビューへの気持ちを高めるには十分な場所だったに違いない。

この時期、デビュー時には大変重要となってくるシングルの初回プレスの枚数も決まっていった。あの頃、通常の新人は1万枚以上が普通であったが、実は、聖子は当初8

000枚の予定だったのだ。それが急遽1万2000枚からのスタートに変更。これも聖子自身が持っていた強運であろう。CMタイアップや歌番組のレギュラーなど話題性も十分。さらに当時のアイドルが必ず付けられていたキャッチコピーも「抱きしめたい—ミス・ソニー」に決定する。ただし私の記憶では、これはけっしてソニーのイチオシ新人という意味ではなく、ミスセブンティーン・コンテスト出身者だから付けられたキャッチコピーだったように思う。ところがこの後すぐに、その意味は「ソニーを代表する新人スター」へと変貌していく。私も売れることは確信していたが、まさかあそこまでの社会現象になっていくとは、まだ誰も知る由もなかった。

記念すべきデビュー日

1980年4月1日、ついに待望の松田聖子デビューの日が訪れる。資生堂のCMも解禁され、テレビからは毎日のように『裸足の季節』がお茶の間に流れ始めていた。残念ながらCMに聖子自身は登場していない。しかしここである現象が起き始める。「あの曲は誰が歌っているのか?」という問い合わせが資生堂に殺到し始めるのだ。あわてて「歌　松田聖子」というクレジットが入るとレコードの売り上げがジワジワと伸び、続いて歌番組の話も次々に舞い込み始める。

この時期の印象的な思い出としては、よく聖子と一緒に焼き肉を食べに行ったことがある。デビューしたとはいえ、聖子もまだそんなに忙しくはなかった。歌手としてのモチベーションを下げないためにも、私は定期的に聖子に会うことにしていたのだ。その頃行きつけの美味い店があって、夕方、聖子とよく新宿で待ち合わせた。私は市ヶ谷のCBS・ソニーからそこに駆けつけるのだが、聖子はこの頃もまだ一人で電車に乗っていた。

小田急線でサンミュージックの寮がある成城から出てきては、伊勢丹の近くにあった焼肉店で待ち合わせるのが、いつものコースだったのである。聖子は当初からスリムだったが、健康的で明るく元気。いつも美味しそうに食事をしていたのをよく覚えている。思えばあれが、聖子が普通に街を歩くことができた最後の時間だった。

有線の放送局のスタッフなど業界人の集まる小料理屋に連れて行ったこともある。「若松さん、聖子ちゃん話題になって良かったわね」などと女将に言われていたものだから、ふらりと本人を連れて行ったら随分と驚かれた。周りの席にいた業界の方々にも聖子が挨拶をすると、大変喜んで歓迎してくださったのも嬉しかった。

もともと人懐っこい聖子は、そういうときもあっけらかんとその場にすぐに馴染む。そんなコミュニケーション能力の高さも、聖子を支えた才能の一つだったように思う。けれどこの時期を最後に、聖子も私も、寝る暇もないほど多忙な日々に突入していくことになる。おそらく聖子が結婚して休業するまでの5年間、息つく暇などなかったのではなかろうか。焼肉の話は、ときどき思い出しては懐かしくなるので、ここに記しておこう。

初めての歌番組でのこと

初めての歌番組出演の現場には私も立ち会っている。レコード会社のプロデューサーが歌番組についていくことは、そんなによくあることではない。しかし、私は自分自身が福岡から連れてきたということもあって、立ち会わずにはいられなかった。

それは生放送の公開番組で、当然お客さんも会場に入っていた。初回にしては少々難易度が高かったかなとは思ったが、オファーをいただけるだけでもありがたい話だった。しかし初めての出演で生放送、公開番組ということもあり、聖子はなかなか段取りが飲み込めず、立ち位置も覚えられないまま番組がスタートしてしまう。しかも当時は全て生バンド。リハーサルで音合わせしたといっても、テンポもアレンジもレコードとは少し違う。そしていよいよ聖子の出番がやってきた。もしかしたら私の方が緊張していたかもしれない。

そしてやはりこのときの歌唱は、お世辞にも及第点を与えられるものではなかった。慣れない初めての現場とはいえ、緊張のためサビの部分で喉が詰まってしまい、ロングトーンが途中で切れてしまったのだ。『裸足の季節』の最大の見せ場、「エクボの秘密あげたいわ」で突き抜けるところが上手くいかなかったのである。

フィギュアスケートで言うなら山場の三回転半ジャンプが一回転になったようなもの。これではお客さんも拍子抜けだ。しかしここで私は勢い余って、収録が終わった聖子を怒鳴りつけてしまったのである。

いまでも心から反省しているのだが、私も必死だった。私が聖子を直接プロデュースしていたのは、デビュー前からの約7年と2000年頃の数年。彼女が数々のヒットを放ったキャリアの前半であるが、あそこまで怒ったことは、そのとき一度きりしかなかったと思う。聖子は黙って私の話を聞いていた。だがその目はうつむくわけではなく、何か強い意志を持って下を向いていたように思う。そして悔しそうに小さく一度だけ頷いていた。

初めての歌番組にしては堂々としていた。だが、これから数回のテレビ出演が全て大切な勝負となることを、聖子自身も重々感じていただろう。私と聖子は、スポーツで言うなら監督と選手のような関係だ。監督は選手を尊重しつつも甘い顔ばかりはしていられない。選手のコンディションを見ながら怪我をしないように適宜課題を出し、その才能を引き出して発揮させてやることが重要。そもそも芸能界は甘い世界ではない。人気者になれば誰彼となくちやほや近寄ってきてはいろんなことを言い出す。そんなときにも常に最初から変わらず厳しいスタンスで接し続ける人が近くにいることが、とても大切だと私は考えていたのだ。

しかし少しぐらい怒られても、くよくよするような松田聖子ではなかった。

『夜のヒットスタジオ』での進化

次には生放送の人気歌番組、フジテレビの『夜のヒットスタジオ』が控えていた。1980年4月28日。レコードが発売されてわずか27日後のことである。この日はオープニングから司会の芳村真理さんや井上順さんが、一人の新人歌手である松田聖子に頻繁に声をかけてくださり、テレビに慣れてきていた聖子もリラックスして実力を発揮できたように思う。

その歌声は伸び伸びとして声量はどこまでも突き抜け、見ている方まで心躍るような名唱だった。

何より衣装もメイクも進化し始めていた。聞けば、初回の収録の頃のコンサバなスーツスタイルではなく、ふわりとした白い服を着てみたいと聖子が主張したのだという。そしてこの時期には後に大流行する聖子ちゃんカットが完成。当時は自分でしていたメイクも、新人らしいナチュラル感が溢れ評判も上々だった。この日、同番組にはCBS・ソニーのレーベルメイトである太田裕美や久保田早紀の他、布施明、堀内孝雄、さらには名優の松田優作も歌手として出演していた。注目度も高い回だったのは間違いない。おかげでシングルの売り上げも着実に伸び始め、その後も7月3日の放送でTBSの『ザ・ベストテン』からも声がかかり、注目の新人として出演させてもらっている。

また販売促進部のスタッフも力強い後押しをしてくれた。日本テレビの朝の番組で、徳光和夫アナウンサーが麹町の路上から聖子を紹介してくださったことがあるのだが、たくさんの宣伝マンたちが聖子の名前入りのハッピを着て画面からはみ出さんばかりに応援してくれていたのだ。営業部の中には『裸足の季節』にちなんで、裸足でレコード店を回ってくれたスタッフもいたという。

その後たくさんの方の力添えもあり、『裸足の季節』は好成績を残す。しかしまだまだ大ヒットと呼ぶには勢いが足りなかった。

ブレイク前夜。私は次の一手を考えていた。

第5章　スターへの階段

『青い珊瑚礁』がひらいた新時代

『裸足の季節』はデビュー曲として最高の仕上がりだったと思う。松田聖子の名刺がわりとして十分なインパクトを世の中に残せた。何より本人の顔が出ていないコマーシャルだったにもかかわらず「声」だけで注目され、オリコンは最高12位、売り上げは30万枚を記録。こんな嬉しいことはなかった。

しかし、私はさらなる情熱をもって新しい聖子ワールドを作っていかなければならないと考えていた。松田聖子にはまだまだもっと無限の伸びしろがある。次の曲はさらに多くの人に愛されることになるに違いない。このとき既に新曲の構想があり、私は再び小田裕一郎さんのところへおじゃましている。

ちなみに『青い珊瑚礁』というタイトルは私が付けたものである。というのも、この時期ふと思い立って映画を観にいったときのこと。ブルック・シールズ主演作の予告編が忽然と目の前に映し出され、南太平洋の景色がスクリーンいっぱいに広がったのだ。どこまでも続くブルーラグーン。その瞬間、私は次の聖子のシングルのタイトルを『青い珊瑚礁』にしようと決めていた。予告編の映像は、聖子の声が持つ明るさや透明感そのままで、当時私が憧れていた南太平洋のイメージもさらにかきたてた。そして小田さんに南太平洋への憧れを伝えると、小田さんはその場で「じゃあ若松さん、こういうのはどう?」と、不意にギターを弾きながら歌い出したのである。

「あーーーわたし〜のー恋はーーー」

なんと一瞬にして『青い珊瑚礁』の冒頭のフレーズが完成していたのだ。あのいきなりサビで始まる構成は、詞も含めて小田さんが即興で作り出したものだった。

聖子の強烈なヴォーカルで一瞬にして時代を塗り替えるほどのインパクトを放った『青い珊瑚礁』は、こうして産声をあげた。それが小田さんの口から飛び出したメロディと言葉で一気に具現化されていくのを目の当たりにすると、私は鳥肌が立つほど興奮せずにはいられなかった。

80年代は海外旅行に人々が憧れ始めた時代でもある。戦後からの高度経済成長を受けて60年代は人々が少しずつ外国の文化に興味を持ち始めていた。兼高かおるのレポート番組などを、皆がテレビにかじりついて観たり、ビートルズやサイモン&ガーファンクルのサウンドに触れて、英国やアメリカに誰もが憧憬を抱いていた。加山雄三の「若大将シリーズ」でもハワイが舞台になったりしたものだ。といっても海外はまだまだ富裕層など、ごく一部の人だけが行くものだった。それが70年代になると旅客機の大型化や変動相場制への移行により、少しずつ多くの人々が海外を訪れ始める。さらに80年代に入るとインターナショナルツアーズ（のちのＨＩＳ）など新興の旅行代理店も参入し、ますます海外旅行が身近になっていく。松田聖子の誕生はちょうどその過渡期とも重なっていた。

私自身も、１９７4年に東京の第一営業所の所長になったときに、２週間近く欧州研修に行かせてもらったのを昨日のことのように覚えている。

当時のＣＢＳ・ソニーのシングルジャケットの裏には、「PAN AM」ことパンアメリカン航空の広告が掲載されていたのだが、これはCBS・ソニー社員の海外研修や出張のための提携という意味もあり、渡航の際は「PAN AM」にチケットの手配をしてもらう約束になっていた。半分が外資であるCBS・ソニーならではの取り組みだったと思う。令和のいま聞くと贅沢な話に感じる人もいるかもしれないが、インターネットもなかったあの頃、洋楽やクラシックを売るにしても、その国に行ったことがあるのとないのとでは曲やビジネスに対する理解度が全く違ってくる。ましてその後、日本全体が大きく変革していくために、海外研修は当時絶対的に必要な先行投資だったのだ。

もちろんその権利を獲得するための試験はあった。論文の提出とともに研修プランを自分で立てるといった申請準備が必要だったのだ。私はなんとかレポートを書き上げて試験にパスすると、羽田から南回りで何箇所か経由し24時間以上かけて欧州入りしている。そして、ベルリン、フランクフルト、アムステルダムと移動し、ロンドンやパリではCBS支社も訪問。ロンドンではセールス・ミーティングに出席し、パリではスタッフとランチを共にして昼間からワインを飲みながら語らうといった欧州の文化に触れ、様々なカルチャーショックを受けた。

その後はジュネーブ、ベニス、ローマ、ザルツブルク他へ。特に電車移動で水の都べニスに23時過ぎに到着したのは、いまも忘れられない。本当に水に囲まれた街で、駅の近くで船のタクシーを探し、なんとかホテルへたどり着いたのは深夜1時であった。他にもゲーテやモーツァルトの生家を訪れて感激したものだ。モーツァルトは、営業時代にクラシックに慣れ親しむうちに私が最も敬愛する音楽家の一人となっていたこともあり、喜びはひとしおだった。その生家はザルツブルク市内を流れるザルツァッハ川の近くにあるのだが、私は石畳の小径を歩いて川縁に腰掛けると、大聖堂やホーエンザルツブルク城を見上げながら時を忘れ、2時間近くぼんやりとそこに座っていた。中世から時が止まったような景色のなかで、時代を超えて愛されてきたモーツァルトの神髄に、私の心も一瞬だけ溶け込んでいたのかもしれない。

この経験は、後の松田聖子プロジェクトに少なからず影響を与えているはずだ。少なくとも、私はますます海外への憧れを強めていた。当時の日本人も同じように海外へ憧れ、洋楽や様々なカルチャーに触れることを求めていた。私がその時代に生きている人間である以上、当然人々の気持ちが楽曲制作に反映されていく。それは自然なことだったと思う。

そして1980年7月1日、ついに松田聖子の2ndシングル『青い珊瑚礁』が発売された。作詞も前回に続いて三浦徳子さんにお願いした。三浦さんは小田さんからのパスを見事に受け取って、リゾート感溢れる爽やかな恋を描いた新曲を完成させてくださった。翌年、春の高校野球の入場行進曲にも選ばれたことも、非常に名誉な出来事だったと思う。

聖子の歌唱法

この曲では松田聖子にとって欠かせない、もう一つの大きな出会いがあった。編曲家・大村雅朗さんの存在である。その後、聖子のシングルやアルバムで随分とお世話になった大村さんだったが、実はこれが私と聖子にとって、初めての大村さんとのお仕事だったのだ。『青い珊瑚礁』では当初から、サウンド的にさらなる冒険をしたいという思いが私の中にあった。そんなとき、たまたま聴いてショックを受けたのが山口百恵さんのシングル『謝肉祭』であった。こう言うと少し語弊があるかもしれないが、それ以前の歌謡曲はどこか唱歌的なわかりやすさを優先させており、サビのメロディがそのままイントロになるような場合も多かった。しかし大村さんのアレンジはもっと斬新でダイナミック。なのにヴォーカルがしっかりと際立つ洋楽的な新鮮さに溢れていた。こんなすごいアレンジをする人がいるんだ。私はこの一曲を聴いただけで深く感動し、すぐさま『青い珊瑚礁』のアレンジをお願いすることにしたのである。

仕上がりは私の予想を遥かに超える出来栄えだった。イントロのキーボードからストリングスへの流れは、海岸に寄せるダイナミックな波のよう。間奏に至っては恋する二人の煌めきさえ感じさせた。しかも大村さんのアレンジは、それを理屈ではなく直感的に表現し、あらゆる世代に一瞬で伝えてしまう勢いとわかりやすさを持っていたのだ。そこに小田さんの洋楽的なメロディ、三浦さんのトロピカルな歌詞、聖子の娯楽性溢れる歌声が乗る。必然として、文句のつけようがない傑作が誕生した。

後に『SWEET MEMORIES』など数々のヒット曲を聖子とともに生み出した大村さんだが、いつも私に「若松さん、今回の歌詞はどんな感じですか？」と聞いてくださっていたのが思い出深い。歌詞の世界を一度しっかりと咀嚼する。しかし一旦その骨格を摑み取ると、一気にアレンジを仕上げてしまう。いつもその思い切りの良さには舌を巻いた。そして聖子のヴォーカルもスカッと振り切れていた。そう、「思い切りの良さ」はヒットの条件なのだ。

ちなみに『青い珊瑚礁』で、より顕著となった娯楽性あふれる聖子の歌唱法は、デビュー前から聖子自身が直感的に実践していたものだ。しかしこの時期に小田さんとの楽曲制作を通じて、小田さんのアメリカンロック的な歌い方が聖子に伝わった部分もあった。そう考えると、松田聖子にとってデビュー当初に小田さんとお仕事ができたことは、ヴォーカル面でもたくさんの引き出しを授かることにつながり、非常に大きな意味を持っていたと思う。松田聖子は歌謡曲でありながら、作家たちの持つ洋楽的センスを抜群のバランスで表現してしまう。それも本能的に。その原点が築かれた瞬間だったと言えるだろう。こうして完成した『青い珊瑚礁』は大評判となり、じわじわとチャートを上っていった。

発売から2か月かけて頂点へ

『青い珊瑚礁』はオリコン初登場87位とけっしていいスタートではなかった。しかし今回も幸運なことにグリコ「ヨーレル」のＣＭタイアップがあり、しかも聖子本人がＰＲキャラクターに選ばれていた。そう、待望の本人出演のコマーシャルである。テレビから流れるサビのフレーズは瞬く間に全国に広がり、ヒットチャートの順位も毎週のようにグングンと上がって行った。

南の島のビーチで撮影されたCMは大変鮮烈な仕上がりで、初期の聖子のイメージを決定づけた重要な要素の一つとなっていく。青い海、白い砂、南風、真っ白なサンドレス、白いパラソル。そこに『青い珊瑚礁』がいきなり流れて、歌詞そのままの聖子が風を切って走っていく。それだけでもう十分にメッセージが伝わっていた。

しかもその姿は、私が聖子の「声」から感じていた爽やかで明るい南洋の青い空や、いつか自分自身でも行ってみたいと憧れていた南太平洋のイメージそのままだったのだ。予言者めいたことをいうなら、過去に私に見えていた「聖子がスターになったビジョン」がそのまま形になっていた。グリコのCMについては後年、ファンの方から歌声とともに大変なインパクトがあったと言っていただくことも多かったのだが、人々の心の中にあった海外リゾートやビーチへの憧れを無意識のうちに描いた、新時代の指針となる映像だったのかもしれない。

まずは7月6日。日本橋三越の屋上で開催された新曲披露イベントに、予想をはるかに超えた5000人以上の人々が集まり道路にまで人が溢れ、ちょっとした騒ぎとなる。この報告は次の週の幹部会議でも話題となり、ソニー本体にも伝わることとなった。

続く8月14日には、TBSの『ザ・ベストテン』に待望の初チャートイン。前述のいまや伝説となった羽田空港からの生中継が行われたのが、この日だったのだ。さらに９月に入ると『ザ・ベストテン』でついに１位を獲得。生放送中にご両親が中継で登場するといった演出も話題を呼んだ。私はテレビ出演についてはそれほど熱心に追っていたわけではなかったが、私と聖子が父親を説得した日々を考えると、ご両親のテレビ出演は関係者にとって、厳密に言えば私と聖子、そしてご両親にだけわかる、非常に感慨深い中継だった。聖子が興奮して「お父さん」「お母さん」と声を振り絞って呼び続けていたのは、それなりの理由があったのである。

また翌週には、スタジオで山口百恵さんに「これからも頑張ってください」と声をかけていただき、本人も大変感銘を受けていた。

このときから「松田聖子」は我々の予想を遥かに超えて社会現象化していく。ファンの方の熱烈なコールも会場に張り裂けんばかりに響き、少し前までは、資生堂の「エクボ」のキャンペーンでサイン会などが開かれると、ＣＭモデルだった山田由紀子の前にだけ列ができるのに対し聖子の前には数人並ぶのがいいところだったが、この頃の聖子は、もはや芸能人の誰よりも、いや日本中の誰よりもその名をとどろかせていた。

田原俊彦くんとの共演

9月からはグリコ『ポッキー』のCMで田原俊彦くんとの共演が話題を呼ぶ。二人の明るい爽やかなキャラクターは80年代の幕開けを象徴した。続く10月1日発売の3rdシングル『風は秋色』は、オリコンチャートで待望の1位獲得。

参考までに『風は秋色』というタイトルは、私が一人、六本木の駅からCBS・ソニーの六本木オフィスへ行く途中に、ロアビルの前で突然思い浮かんだものである。その他にも『渚のバルコニー』は、首都高を自分で運転しながら渋谷近辺を走っているときに、横浜方面から渋谷駅が見えてくる瞬間の、渋谷料金所の合流地点あたりでひらめいたものだ。また『チェリーブラッサム』は「ブロッサム」ではなく「ブラッサム」と表記して英語的な発音にこだわった。その方が長調的な聖子の声と合うからだ。こんなふうにタイトルをいつどこで、どんなふうに付けたかも全てはっきりと覚えているのだが、まさかこのときから、24曲連続オリコン1位という記録が樹立されるとは思ってもみなかった。

こうして松田聖子はデビュー1年目を怒濤のように駆け抜け、年末のNHK紅白歌合戦にも出場。同時に、聖子の一挙手一投足が常に注目の的となっていく。松田聖子は、憧れと羨望を一手に引き受け、このとき以降ずっとトップスターの宿命を背負い続けてきたと言っても過言ではない。この42年間、本当によくがんばった。それも全て、福岡から出てきた時の、あの決意の涙があったからに違いない。

人気が出るとは忙しくなるということ。デビュー1年目から2年目にかけての聖子は本当にハードスケジュールで寝る暇もなかった。よく過労で倒れて入院することもあり、私も何度も病院に駆けつけていた。そのたびに事務所に出向いては、もう少しスケジュールに余裕を持たせてほしいとお願いしていたものだ。とはいえ当時の芸能界において、アイドルはみな似たような環境にあったのかもしれない。サンミュージックとしても聖子が急に売れて、以前から付き合いのあるテレビ局やラジオ局からのオファーを無下にはできなかったようだ。私も「自分が久留米から連れてきた子だから」と何度も事務所にお願いしてはいたが、オフをしっかり取れるようになるまでは、もう少しだけ時間がかかった。

そんな中でも聖子はいつも笑顔を忘れなかった。テレビで歌っているときもスマイルを絶やさなかったが、それは彼女の歌手としてのこだわりだったのだと思う。いつも笑顔でいなさいと母親に言われていたと聞いたことがある。もちろん普段からも底抜けに明るく人懐っこい子だった。レコーディングのときもスタッフに気を使わせるようなことは一度もなく、私たちはむしろその明るさに助けられていた。

そういえばコンサートでこんなことがあった。会場への到着が仕事の都合で遅れたCBS・ソニーの小澤敏雄社長が席についたときのこと。舞台の上で歌いながら聖子が、広い会場にもかかわらず、社長に気づき会釈をしたのである。それもこちらにだけわかるようにこっそりと。これには小澤社長も感激した。

「若松ちゃん、聖子ちゃんってすごいね。俺に向かって挨拶してくれたよー。しかも歌いながらだよ」

聖子は知っていたかどうかはわからないが、小澤社長は私に企画制作6部を新設してくださった、いわば恩人であった。つまりは聖子の生みの親の一人ということになる。

歌番組でも驚いたことがある。まだデビュー当初の出演で、私は番組にこっそり同行していた。聖子のことが気になって、スタジオの隅からモニターを覗いたり収録現場を見守っていたのだ。ところが聖子は本番が始まる直前に、歌手の方たちが待機しているひな壇から急にこちらに駆け寄ってくると、「若松さん、心配しないで。私、大丈夫ですから安心してください」と言いにきたのだ。そのときも聖子の気遣いと落ち着きに驚いたものだ。

こんなふうに私は、「この子は別格だ」と、デビュー当時からたびたび聖子に驚かされていた。

自らプロデュースする力

この頃ずっとスタジオや制作現場にいた私も、1980年の秋ぐらいから街中の女性たちが「聖子ちゃんカット」をしていることに気づき始めていた。髪型や衣装も随分と話題を呼んだが、ビジュアル面については完全に聖子本人によるセンスの賜物である。「聖子ちゃんカット」と呼ばれたヘアスタイルは、当時聖子が通っていた四谷にある美容室でヘアスタイリストと聖子本人が一緒に考えたものだ。もしかしたらあの頃、ファラ・フォーセットやオリビア・ニュートン＝ジョンなどの影響が美容業界にあったのかもしれない。しかし聖子はその流れとは関係なく、自分に合う髪型としてトライしていたように思う。センターパートもデビュー前からよく似合っていた。テレビ出演の際の衣装も、本人の希望があって、白いAラインのフワリとしたドレスが初期の定番となっていた。

1970年頃に流行った、いかにもアイドルといった感じの衣装は一時廃れていたが、時代の高揚感とマッチしたのだろう。その後も曲調に合わせてモードも取り入れながら、少しずつスタイルを変化させていく。普段は原宿でも歩いていそうなカジュアルな服装だったが、芸能活動をする際の衣装とヘアメイクについては独特のこだわりを持っていた。日々研究し吸収していたのだろう。松田聖子は自分を演出していく努力家でもあったのだ。

振り付けやカメラへの視線の投げ方なども本人の努力と才能によるものだった。新曲が決まると、それに合わせてイメージを固めていく。途中からジャケット撮影のスタイリストは三宅由美子さんにお願いしていた。三宅さんは非常にフランクな性格で私ともよく話し、曲のイメージを上手に摑んでくださっていた。それでいて押し付けがましくもなく、聖子の意見も取り入れてうまくまとめてくださる。聖子の初期のジャケットビジュアルは三宅さんに支えられた部分も大きい。ヘアメイクについては、1983年のツアーを演出した伊集院静さんの紹介で、嶋田ちあきさんに出会ったことも大きかった。そこからどんどんビジュアル面が洗練されていった。新しいヘアメイクにも、冒険心を持って挑んでいく。ああいった聖子の逞しさにも感心したものだ。

気づけば聖子は、デビュー前に素朴すぎると他の事務所から言われたのが嘘に思えるほど、洗練され綺麗になっていった。アイドルの応援の仕方の一つに、「素朴だった子がどんどん磨かれていく様子を見守っていく」といったことがあるように思うが、聖子はそれを無意識に体現し現象を巻き起こしていたのだと思う。歌い方も少しずつ進化し、飽きさせない。それに刺激を受けたクリエイターが、さらに聖子の元へと集まってきてくださる。そして、その繰り返しこそが、松田聖子の楽曲が永遠に色褪せない理由にもつながっていくことになる。

アイドルとして異例の売れ行き

シングルのみならずアルバムのクオリティの高さも、松田聖子の人気を決定づけた絶対的要素である。しかも全ての作品がアイドルとしては異例の売れ行きを見せた。聖子はヒットチャートを賑わすアイドル・シンガーでありつつも、アルバムを一つのストーリーとコンセプトで聴かせるアルバム・アーティストでもあったのだ。

いまのような音楽配信の時代においては、アルバムのコンセプトはそれほど意味を持たないのかもしれない。自動的にシャッフルされたり、聴き飽きればスキップされることも当たり前の世の中になっている。しかし当時は46分程度を上限として、LP盤の収録時間には限りがあった。しかもファン世代の若者たちにとってLPは、そうそう何枚も買えるような値段ではない。その結果、リスナーが繰り返し大切に聴く1枚のレコードの中に、流れや世界観を築くことは重要な命題であった。また、アイドルがコンセプトアルバムを出すことは、当時珍しいことだったようだが、私はそれをあまり意識していなかった。70年代から営業担当としても洋楽を聴き込んでいた自分としては、コンセプト作りは、ごく自然なことだったのだ。私はプロデュース経験が浅かったが、かえってそれが良かったのかもしれない。考えてみれば既存の芸能界のセオリーには全くとらわれていなかった。楽曲の構成も同様である。過去のアイドルのアルバムは、シングル候補から漏れた曲を盛り込む幕の内弁当的な要素が強かったが、私には当初からアルバムの流れを意識して構成するという考えしかなかった。

例えば1stアルバムの『SQUALL』については、全曲を小田裕一郎さんが作曲、三浦徳子さんが作詞。アレンジは信田かずおさんと大村雅朗さん、松井忠重さんに依頼した。『裸足の季節』や『青い珊瑚礁』と同じく、リゾートや南洋のビーチリゾートをイメージして10曲を構成。こんなふうに私がプロデュースした松田聖子のアルバムは、キャスティングの他、詞や曲の推敲、音の仕上げ、曲順はもちろん、ジャケット写真の選びやそこに添えられた帯のコピーに至るまで、全てを私が手がけ、書き、決めていた。タイトルも然り、本書の最後で解説している全てのアルバムのタイトルは私が付けたものである。ちなみに『SQUALL』の帯には「珊瑚の香り、青い風　いま、聖子の季節」と記されている。こういったキーワードは、私が女性ファッション誌を意識して見ていたときにヒントを得ることも多かった。既に頭の中にあるイメージに対して具体的な言葉となったキーワードが、雑誌をめくるときに目に飛び込んでくるような感覚である。なかでも80年代の『anan』は外国人モデルや最先端のファッションやトピックも多数登場し、エッジな写真やキャッチコピーが詰まっていた。季節感やビジュアルなど、頭の中にあったイメージを整理していくのに大変参考になっていたのだ。その流れを汲む同じマガジンハウスの『GINZA』のウェブで私が松田聖子について連載させていただいたのも、そんな縁からなのである。

こうして考えてみると、『SQUALL』は数ある聖子のアルバムでも個人的に一、二を争うほど好きなアルバムである。とれたての果実のようにフレッシュで、聖子自身も弾けて楽しんで歌っている。1stアルバムということもあって、思い入れはひとしおだった。

また、私が手がけた全てのアルバムにおいて、クリエイターたちが真摯に「松田聖子」に向き合ってくださったことは、私にとっても聖子本人にとっても、とても大きな財産となっており心から感謝している。ジャケット・ビジュアルについても、いつも私がアルバムコンセプトを説明すると、それを受けてアートディレクターの山田充さんとフォトグラファーの武藤義さんがアイデア出しをしてくださり、スタイリスト三宅由美子さんもコスチュームや小道具について重要な役割を果たしてくださった。そこから撮影を進め、最終的には私が1枚の写真を選び絞り込んでいく。

『SQUALL』は、明るくてポップなパステルピンクをキーカラーにジャケット撮影し、髪はまさにスコールで打たれた後のように濡れている。ただし笑顔ではなく、真っ直ぐに射ぬくような瞳でこちらを見つめている。他のアルバムでも、当時からアイドルなのに笑っていない写真が多いと言われた。しかし私は、笑っているかそうでないかということより、アルバムのコンセプトに合わせて常にメッセージが強く感じられる写真を選んでいた。ピントについても同様である。少しくらいのオフピントも、そちらがインパクトが強ければ直感的に選ぶ。シングルで言うなら4枚目の『チェリーブラッサム』は、わかりやすい例かもしれない。朝靄の中にたたずむようなイメージでふわっとフィルターがかかった写真は、聖子から「私が見えないですー」と冗談で言われるほど振り切れた写真選びをしていた。アイドルとしては確かに異例の方向性だったかもしれない。

クレジット表記の狙い

クリエイターのクレジットをアルバム内に表記したことにも明確な狙いがあった。当時、ニューミュージックと呼ばれたシンガーソングライター系のアーティストや洋楽のアルバムには、クリエイター・クレジットが歌詞カード中に記載されているのが一般的だったが、アイドルではほとんど見かけることはなかった。それを松田聖子では、あえて最初から入れていくことにしたのだ。それによって、リスナーが音楽的な意識で松田聖子を聴いてくださるようになる。ミュージシャンの方たちも、クレジットが載る以上手が抜けないと、常に真剣に松田聖子の楽曲に取り組んでくださっていたと、のちに聞いた。私の意図したことではなかったが、それも大変ありがたいことであった。

そのおかげかどうかわからないが、松田聖子のアルバムは、いまでも音響ファンにも人気が高く、ステレオ販売店でレコードを試聴する際は、クラシックと同時に松田聖子をかけることが多いと聞く。それだけ多くの方に愛されたことや、一流のクリエイターやスタジオミュージシャンが参加してくださったこと、そして音響メーカー・ソニーの名に相応しい最高の技術で高音質の音源を残せたことなどが理由に挙げられるのではないだろうか。もちろん聖子のヴォーカルが素晴らしく、前向きなオーラに包まれていたことも理由に違いない。

こうして考えてみるとCBS・ソニーから松田聖子が1980年にデビューしたことには、必然性と大きな意味があったと言えるだろう。世界的な企業であるソニーという「場」の力が、松田聖子に成功をもたらした。1968年に、日本に新しいポピュラーミュージックを届けたいと創設されたレコード会社だったからこそ、次々に奇跡的なヒットが生み出せた。時代のタイミングや運もあったと思うが、あの日あの場所で仕事をさせていただいたことに心から感謝している。この場を借りて感謝の気持ちを伝えさせていただきたい。

　正直に言うなら、私は無我夢中で台風の目のような静かな場所にいたため、それほどすごい現象が起きていたという実感はなかった。しかし月日が経ってみて、私のYouTube の番組『若松宗雄チャンネル』やイベントで多くのファンの方の言葉を聞いていると、「聖子さんの歌はいつ聴いても元気がもらえる。みんなが上を向いていたあの頃の記憶とつながり、いまも私たちの応援歌となっている」といったことを言っていただくことが多い。松田聖子の歌が、もしもたくさんの方の青春の思い出と共にあるのだとしたら、こんな嬉しいことはない。

日本の音楽の実験場に

　あの頃の私は、次の一曲次の一曲と、新曲のレコーディングに日々集中しているだけだった。当時は3か月に1枚シングルを発売。少しでもいい形で、そのときそのときの聖子の良さを引き出したいと考え、作詞家、作曲家、アレンジャーをキャスティングし、冒険を繰り返していた。私自身が季節感を大切にしていたこともあり、四季のイメージは曲の世界に欠かせない要素だったが、聖子の歌を通じて、当時の出来事や季節の移ろい、恋や友情や風の匂い、頑張った日々などを思い出していただけるなら、まさにプロデューサー冥利に尽きる。

気づけば松田聖子の曲作りは、日本の音楽の実験場だったのではないかと評されるほど、常にトライアルに満ち溢れていた。もちろん当時はただただ、がむしゃらなだけであったが、そんな日々だったからこそ、いつまでも新しく感じられる素晴らしい作品がいくつも生みだせたのかもしれない。

これは余談だが、聖子の仕事を通じて、私は自分の直感力を常にフルに働かせ、どこか遊ぶような気持ちで歩んでいた。しかし直感より何より一番大切だったのは、自分の感覚を信じる信念だった。人生の主役は自分である。他人の評価で生きるのではなく、自分で自分を褒めて前に進まなければ面白い人生にはならない。ときには単調な日々から飛び出し、歌の世界のように遊びながら生きてみること。人生は楽しまなくてはもったいない。それだけは間違いないことであり、歌や音楽がこの世に必要とされている理由もそこにあると私は信じている。

第6章　松田聖子は輝き続ける

楽曲制作のこだわり

本章では時代の記録として、デビュー当時の制作現場の様子を記しておきたい。各論については最後の「アルバムとシングルについて」に預けるが、私のプロデュースの哲学や、関わっていただいた多くのクリエイターの方についても、ここで少しだけ触れておけたらと思う。

松田聖子の楽曲制作をしていく上で、私が何よりも気をつけていたのは、合議制にしないことだった。当初サンミュージックのスタッフと二人でプロデュースする案もあったが、実質の制作は私に任せてもらうことにした。というのも、複数の船頭がいるプロジェクトが成功したためしはないと経験的に感じていたからである。ものづくりは

「頭」ではなく「匂い」で作っていくもの。それを先導する人が多ければ多いほど「匂い」は薄まってつまらないものになってしまう。

最近の会社に多いことだが、とかく会議と許可取りを重ねていくと、最終的には誰も責任を取らず、全ての角が取れた何の面白みもない企画だけが残ってしまう。時代的に予算がシュリンクしていくばかりで安全策を取りたいのはわかる。しかし歌に限って言うなら、多くの人の意見が入れば入るほど魅力はなくなっていく。

歌づくりに八方美人は必要ない。一人の「クリエイティブ・パーソン」が軸となって独断で決めていくことが何より重要となる。仮に他の人に伝えてプロジェクトを広めていく場合も、中心の一人がその意志を最後まで貫き、けっして怯まないこと。それを私は何よりも気をつけていた。もちろん中心に立つからには責任も重くなる。しかし、そうしないと強い色が作品には出ないのだ。

もしかしたら当時の私には強引なところも多々あったかもしれない。誤解され傲慢に感じた人もいただろう。ただ、私はたとえ嫌われたとしても、恐れずに自分の信念を曲げなかった。

歌謡曲のような大衆音楽は、世間の秩序からはみ出しているからこそ面白い。世の中の人は毎日、決められたシステムの中できっちりと生活を送っている。その仕組みの中に同化し、どこかで折り合いをつけながら毎日を過ごす。ほとんどの仕事がそうだと思う。だから逆に「変なもの、はみ出したもの、振り切れたもの」にこそ人々は惹かれる。昨日の繰り返し、同じものでは誰にも見向きもされない。これは全ての「芸ごと」に通じることだ。

松田聖子の歌は「発明」だと言われることがある。あの独特の歌い方、唯一無二の声。彼女はそれを最初から持っていた。私が初めてオーディションのカセットテープを聴いたときから、その魅力を濃密に発散していた。天性のものなのだ。彼女は迷いなくそれを「想い」として歌に乗せていた。私はそこに、南の島や高原の空気感、都会的で洗練された世界、あるいは透明感あふれる乙女の気持ちを文学的な香りとともに重ねたら、最高のエンタテインメントになるのではないかと考えた。同時にサウンドを最先端の洋楽的なものにすること。ただし前衛的すぎず、わかりやすい大衆性も持たせることにも注意を払った。そして作詞家や作曲家、アレンジャーに思いっきりそれを表現してもらう場を作った。

クリエイターと築いた松田聖子の世界

80年代という時代について、私が何かを分析しながら進めていたということは一切ない。むしろその逆だ。常にそのときどきで面白いと感じることをやっていただけだ。それが後の時代になって、歌謡曲とニューミュージックの垣根を取り払ったと言っていただくこともあったし、シティポップと括られることもあった。しいて言うなら、少なくとも「松田聖子」というジャンルは築けたのではないだろうか。無我夢中で繰り返した瞬間の積み重ねが、気づけば私たちの後ろにあった。それは、一瞬一瞬を毎日楽しんでいくことが充実した人生につながっていくことと同じだったかもしれない。

私はそれを多くのクリエイターたちと創り上げてきた。本当にたくさんの日本を代表するクリエイターの方々の力があったからこそ実現可能となり、その中心で私は「心地いい大衆音楽」というバランスの指揮を取っていたのかもしれない。

もう一つ大事なことがある。それは松田聖子が非常に素直な感性で、常に私を信頼しクリエイションを託してくれたことである。これも彼女の才能だったと思う。まさに私が聖子を「この子は別格だな」と感じていた理由の一つだ。聖子は楽曲的なことはもちろん、たとえば事務所に新しいＣＭのオファーがあった場合も、「若松さんはそれをご存知なんですか?」と言って、常に私を軸にブレることなく仕事を進めてくれていた。私がプロデュースしていた期間中に、聖子は私が用意した曲に対し意見したことは一度もない。しいて言うなら4枚目のシングル『チェリーブラッサム』に対して抵抗感を示していたことくらいだった。

『チェリーブラッサム』については、1年目の大成功を受けて聖子なりに構えてしまったのかもしれない。当時「2年目のジンクス」と言われていた、アイドルがデビュー翌年に急に売れなくなるという前例にナーバスになっていた気もする。あるいは小田裕一郎さんの丸みのあるメロディから財津和夫さんの直線的なメロディに変わったことで何か違和感があったのかもしれない。いずれにしても当初は歌うことを迷っていたが、私が「この曲は絶対に売れる」と説得するとすぐに納得して切り替え、最後は笑顔で歌い切っていた。

結果として新たな松田聖子ワールドに多くのファンの方が共感してくださり、大ヒットにつながった。違和感を持つことも才能。納得して歌うことも才能。私を信頼してくれたことも才能。松田聖子がただの歌手ではないことを改めて感じた瞬間だった。

また5枚目のシングル『夏の扉』でアップテンポを出した後に『白いパラソル』でス

ローポップスを展開するといったサプライズ感も、私は常に意識していた。これらの曲を作曲した財津和夫さんは、いつも自分が歌うような気持ちで作品を作ってくださっていたという。ありがたいことだ。全く同感である。聖子に媚びてしまっては、新しい可能性が広がらない。私は冒険を重ね、お客さんはもちろん、聖子自身も驚くような新鮮な曲で、そのときそのときの聖子の魅力が最大限に引き出されるクリエイションを心がけた。それを理解し実現してくださった財津さんには感謝しかない。『チェリーブラッサム』や『夏の扉』は、いまでも聖子のコンサートに欠かせないハイライト・ソングとなっている。それが何よりの証であろう。

『白いパラソル』で言えば、何と言っても松本隆さんの起用が大きかった。デビューからの1年半を支えてくださった三浦徳子さんに感謝しつつも、聖子がさらに飛躍していく上で、文学的で硝子細工のような松本さんの詞の世界で、私は新たな実験を試みてみたくなったのだ。松本さんにお願いしたのは、私が同じCBS・ソニー所属である太田裕美の『木綿のハンカチーフ』が好きだったことに始まる。太田裕美のプロデューサーの白川隆三と私は、同じ営業からプロデューサーになった仲間だったことから大変仲が良かった。ちなみに白川はのちに「アニプレックス」を起ち上げた人。人柄もよく、才能に溢れ、私もとても信頼していた。「アニプレックス」はいまではソニー・ミュージックエンタテインメントの稼ぎ頭。最近では『鬼滅の刃』が大ヒットしている。考えてみるとCBS・ソニーにはすごい才能が集結していたのかもしれない。それで白川を経由して評判を聞くこともあり、聖子に新しい魅力をプラスしたいと松本さんに作詞をお願いしたのだ。私は、「聖子を太田裕美さんのような息の長い歌手にしてほしい」と松本さんに話していた。そしてこの新たな起用により、私自身も大いに刺激を受けていく。

大滝詠一さんとの出会い

『風立ちぬ』では松本さんに紹介されて、大滝詠一さんとの出会いがあった。当初、松本さんに「大滝なんかはどう?」と言われて、思わず「やってくださいますかね?」と返したのを覚えている。大滝さんは1981年に同じCBS・ソニーから『A LONG VACATION』を発売し既に大ヒット中。とてつもなく音楽的なアルバムで、ポップス界全体を見渡しても異彩を放っていた。松本さんと大滝さんは伝説のロックバンド「はっぴいえんど」のメンバーであり、私は彼らが一緒に制作した作品のクオリティの高さもよく理解していた。ああいった音楽的バックグラウンドが大きな楽曲に、聖子の娯楽性が高いヴォーカルがプラスされれば最強のエンタテインメントになる。

目論見は見事に当たり、結果として歌謡曲の垣根を大きく取り払った名曲、名アルバム『風立ちぬ』が誕生した。僭越だが、間違いなく日本のポップス史に残る金字塔を打ち建てることができたと自負している。

松任谷由実さんとの出会いも忘れられない。松本さんのマネージャーだった石川光さんの提案で、思い切ってオファーしてみたのだが、どの曲も永遠に歌謡史に残る名曲となったことは間違いない。しかもユーミンは、私からの我儘なメロディ調整の依頼にも、常に真摯に応えてくださった。アレンジャーのマンタさん（松任谷正隆さん）も、同じように私のイメージに合わせて何度も変更や調整をしてくださった。『赤いスイートピー』や『小麦色のマーメイド』『瞳はダイアモンド』など、お二人の曲はどれも季節感に溢れ、歌の世界観がイントロの1音目からしっかりと響き、一瞬で曲の中に引き込まれていく。そこで聖子が歌えば、可憐かつ繊細さや強さも兼ね備えた「青春を歩んでいく主人公」が歌の中に際立ち、ファンの方も存分に自身を投影していただくことができたのではないだろうか。ご自宅でユーミンの手料理をいただきながらマンタさんと3人でお話しさせていただいたことも貴重な思い出だ。永遠に色褪せない名曲が和やかな食事から生まれてくることはとても興味深く、ユーミンは食に対してのセンスも抜群だった。だからこそ、生み出す音楽も人の根源に響くのだなと妙に納得したものである。

細野晴臣さんも松本さんの紹介だったが、はっぴいえんどやＹＭＯでの天才的な才能を聖子に投入してくださったことは、聖子の世界を広げる意味でも、とてつもなく刺激的なことだった。転調を繰り返しながらも、どこまでも明るく軽やかな『天国のキッス』や、透明感が溢れて神聖な色香が漂う『ガラスの林檎』。アルバムでもデジタルをいち早く取り入れて、実験的な「聖子サウンド」に挑戦していただいた。スタジオに来ても実は曲ができていなかったという小さな事件もあったが、なんとその場でスルスルと作曲とアレンジを終え、すぐにミュージシャンたちが演奏を始めるという天才的な出来事にも驚いた。聖子のステージをまた一つ引き上げていただいた作品群だったと思う。

大村雅朗さんのアレンジやメロディも、聖子の世界を誰よりもしっかりと支えてくださった。大村さんは会うたびにサウンドがブラッシュアップされていき、『青い珊瑚礁』から手がけた作品を順に追っていくと、80年代のサウンド技術の進化が手に取るようにわかるほどである。それでいて聖子のヴォーカルの魅力を最大限に引き出してくださった。４人目のＹＭＯと呼ばれた盟友の松武秀樹さんや、キーボーディストでありコーラスも担当してくださった山田秀俊さんと共に、日々スタジオで和やかに楽しく創作活動をしていたことも昨日のことのように目に浮かぶ。大村さんは会うたびに聖子に声をかけて、ヴォーカリストとしての気持ちづくりもしてくださっていた。ときにはスタジオから連れ出し、なかなか街へ出かけられない聖子を深夜のファストフード店へ気分転換のために連れていってくださったこともある。もしご存命であったら、ぜひもう一度お仕事を一緒にしたかった。それは聖子も同じであろう。

三浦徳子さん、小田裕一郎さん、松本隆さん、財津和夫さん、大滝詠一さん、松任谷由実さん、細野晴臣さん、佐野元春さん、尾崎亜美さん、大江千里さん、土橋安騎夫さん、来生たかおさん、杉真理さん、原田真二さん、南佳孝さん、甲斐祥弘さん、平井夏美さん、上田知華さん、矢野顕子さん、吉田美奈子さん、来生えつこさん、大貫妙子さん、小室哲哉さん、大村雅朗さん、松任谷正隆さん、信田かずおさん、船山基紀さん、瀬尾一三さん、井上鑑さん、まだまだ本当に多くの方々が、松田聖子と真剣に向き合ってくださった。

だからこそ松田聖子の歌は全く歳を取らない。一過性ではないエバーグリーンな楽曲として、多くの方の青春に歌声や旋律や歌詞やサウンドが刻み込まれている。その数々は聖子の財産そのものであり、私もいくら感謝しても足りないほどだ。

映画、海外レコーディングで放つ輝き

私は聖子が主演した映画の音楽も担当している。場面ごとのトラックもそうだが、『野菊の墓』では『花一色〜野菊のささやき〜』、『プルメリアの伝説』では『天国のキッス』といった主題歌もプロデュースした。特に1984年公開の『夏服のイヴ』で組んだ日野皓正さんとの刺激的なコラボは忘れ難い。主題歌『夏服のイヴ』は『時間の国のアリス』のB面だったが、人気が高かったこともあり後に両A面としても再発売されている。

映画のトラックはワールドワイドに勝負できるようなサウンドにしたくて、若くして頭角を現していた日野さんにお願いしたのだが、まずは映像を見て、それに日野さんと日野さんのプロデューサー・伊藤八十八さんとキーワードをつける作業をしていった。『EVE IN A SUMMER DRESS』『YELLOW BEAM』などとタイトルを付け、そこからサウンドを形にしていく。

映画の試写会が終わったときに、聖子が真っ先に私のところへ駆け寄って来て、「音楽、素晴らしかったです!!」と言ってくれたことには非常に感激した。聖子はそういう細かい気遣いを昔から欠かさない。だからいつもスタッフからも愛されていた。

海をこえて米国の敏腕プロデューサー、フィル・ラモーンと一緒に過ごした日々も鮮烈に覚えている。完全な私の思いつきで、突如、聖子の「洋楽アルバム」を制作したわけだが、当初はまったくアメリカに関心のなかった聖子が、ニューヨークのスタジオ「ザ・ヒット・ファクトリー」に何度も通ううちに刺激を受け、数年後には自ら英語を習得し、世界へのさらなる夢を広げていった。

フィル・ラモーンとは、彼の曲リストから1本ずつカセットテープを聴き、一緒に聖子に合う曲をセレクトしている。オリビア・ニュートン＝ジョンやホイットニー・ヒューストン、マイケル・ジャクソン、カーペンターズなどに曲提供していた作家陣の歌を、フィル・ラモーンと時間をかけながら録音していったことは、私にとっても忘れられない出来事だ。何度もニューヨークへ通ったが、レコーディング後に曲をカセットテープに落とし、スタジオの小さな隣室の小型ラジカセで聴くこだわりにも驚いた。フィルは実際のユーザーのリスニング環境を想定しながら音のバランスの確認をしていたのだ。あんなに世界的に有名な音楽プロデューサーでも、きちんとファンの心に寄り添っていた。これは私自身の生き方にも大きな影響を与えた出来事だった。

誰にも同じように接していくこと

私にもし自慢できることがあるとしたら、それは学生の頃からいまもずっと、奢らずに新人のような気持ちでいること。そして、どんな人にも同じように接してきたことかもしれない。小田裕一郎さん、三浦徳子さん、財津和夫さん、松本隆さんや大滝詠一さん、細野晴臣さんやユーミンなど、大物と言われるクリエイターに対してもそうだし、サンミュージックの相澤社長や、大阪や広島のレコード店の方たち、ラジオ局やテレビ局のスタッフの方々、あるいは学生のときに東北の小さな街で出会って泊めていただいた方や、「おじいちゃん」と呼ばせてもらっていた中曽根康弘元首相のお父上・中曽根松五郎氏、聖子や聖子の母親、そして父親に対しても同じであった。

もちろん交渉ごとがあれば、粘り強くしつこいくらいに頼み倒したこともあったが、そんなときも前向きな心と笑顔は忘れずにいた。

松田聖子は多くの方に親しんでいただける歌手としていまも活躍しているが、そのプロジェクト自体は、けっして大層なことが行われていたわけではない。一人一人の方と真剣に向き合い、話していくことの積み重ねだった。そこに多くのクリエイターたちが、たくさんの才能を真剣に持ち寄ってくださり、中心にいた聖子自身からも常に「自己肯定感」ともいうべき明るさや強さが発散されていた。だからこそ誰もがその前向きな姿勢に引き込まれていく。どれを取っても、他の仕事にも通じる大切なことばかりに違いない。しかし、もしも一つだけ違うことがあったとしたら、松田聖子が「歌が好きで、歌手になって歌を届けたい」という誰よりも強い「想い」を持ち続けていたこと。そして私も必死になってその気持ちに応えていたことかもしれない。聖子の歌にはその強い「想い」が込められていたと思う。

聖子が結婚や出産をしたときも「もしかしたら引退してしまうのでは?」と心配してくださる方も多数いたが、私は少し休むのだな、くらいに思っていた。休養は必要だ。でも、あれだけ歌が好きな聖子だから、きっとすぐに戻ってくるとわかっていた。それくらい聖子の歌には「想い」が強く表れていたのだ。

私が聖子と仕事を共にした80年代には数多のヒット曲が生まれたが、2度目に仕事をした2000年前後は、私がソニーを辞めて自分の事務所を作ったばかりのころだった。聖子から今度はマネジメントをお願いしたいと言われたものの、タレント事務所の経験が浅かった私は、当初この話を断っている。しかし、福岡から彼女を連れてきたのは他でもない私だった。私は、芸能界の重鎮や放送局の方々にも改めてお願いをしてまわり、少しスランプに陥っていた聖子の未来に再び道を開くために奔走した。

ミキシングとマスタリング

あれから時間は過ぎたものの、私はいまも聖子を応援する気持ちに変わりはない。松田聖子はこれからも歌い続けていく。そして80年代に私たちが作った歌はファンのみなさんの背中を永遠に押し続け、色褪せることはないだろう。いつか、もしもまた一緒に仕事ができる日があるなら、そのときは再び全力で応えたい。

そうだ、最後にこんな技術的なことを書くのもおかしいが、ミキシングとマスタリングは何より大切だ。私も、そのときどきの聖子の声がきちんとリスナーに届くように、細心の注意で音と声のバランスを取り、ミックスダウンしていた。エンジニアの鈴木智雄さんを中心に、内沼映二さんや吉田保さん、松本裕さんたちの力もお借りして最善の形で残すことができたと思う。

いまの聖子に、もしも伝えることがあるなら、現在の聖子自身が歌うべき歌を考えながら、同時にその唯一無二の声がより多くのファンの方に届くようにミキシングとマスタリングをもっと意識するということかもしれない。

この二つは、曲作りで何よりも大事なのだ。私も、何時間も、ときには何日もかけて作業していた。ミキシングとマスタリングで歌の印象が180度変わってしまうからだ。

いつかまた、それを直接伝えられる機会があるように、私もまだまだ自分に磨きをかけていく。そして聖子もますます多くの人々に夢を与え、これからも活躍し続けていってほしい。心からそう願っている。

アルバムとシングルについて

1stアルバム『SQUALL』（1980年8月1日発売）

ジャケットのパステルピンクは聖子をイメージして、フォトグラファー・武藤義さんやアートディレクター・山田充さんと決めた色だ。私も大賛成だった。髪を濡らしたのはタイトルにかけて。ナチュラルで非常に強いメッセージを打ち出せたと思う。全ての作曲を手がけた小田裕一郎さんとは初仕事だったが、小田さんが作曲したサーカスの『アメリカン・フィーリング』を私が好きで、迷わずオファーした。その結果、デビュー曲『裸足の季節』は最高の仕上がりとなり、続く『青い珊瑚礁』がテレビの歌番組のチャート等で1位を獲得し、アルバム『SQUALL』も大ヒットとなった。

ちなみに『青い珊瑚礁』の冒頭のフレーズは、最初の打ち合わせのときに、「若松さん、こんなのはどう?」と小田さんが自宅兼オフィスで、ギターを弾きながら歌った時点で完成していた。

『青い珊瑚礁』という曲名も、日比谷スカラ座で私が映画を観た際に、たまたま同タイトルの予告編をやっていて、「南の海っていいなぁ」と思った瞬間、南太平洋の映像と聖子の声が直結。次のシングルのタイトルにすることを決めたものである。その流れでアルバム全体もトロピカルな方向性で行くことにして、作詞家の三浦徳子さんが、恋心の機微を込めたフレッシュな歌詞を書いてくださった。

『~南太平洋~サンバの香り』や『ブルーエンジェル』は、アメリカンロックやオールディーズに造詣が深かった小田さんのセンスがうまく出ている。特にタイトル曲『SQUALL』は聖子のヴォーカルが弾けて、高校を卒業したばかりの初々しさと歌うことへの喜びがダイレクトに伝わってくる。サビでヴォーカルが重なるのは小田さんのアイデア。聖子については、いわゆる歌手の音域にはこだわりすぎずに曲作りをしていた。ここから裏声になると打ち合わせしていても、囚われすぎると曲がつまらなくなる。キーを半音下げて歌いやすくするよりも、よりインパクトが出る方を優先していた。感覚的なことだが、聖子のヴォーカルに多彩な表情があったからこそ出来たことだ。

『トロピカル・ヒーロー』や『クールギャング』といったメロウなナンバーも当初から

しっかりと歌いこなし、『潮騒』では新人とは思えない表現力を発揮。この曲はニッポン放送の聖子のラジオ番組『夢で逢えたら』で使われていたため、ファンの方も思い入れが強いと思う。

『裸足の季節』をはじめ、アルバム10曲のうち4曲は信田かずおさんが編曲。信田さんは小田さんの紹介で、TOTOやボズ・スキャッグスなどを意識した洋楽的なAORの要素を取り入れてくださった。いま聴いても古臭くないのは、そういったセンスが背景にあったからだ。アイドルにありがちな派手なフレーズもなく、時代を超えて愛されていく普遍性がある。

同じくアレンジャーの大村雅朗さんとはシングル『青い珊瑚礁』が初仕事。同年3月21日発売だった山口百恵さんの『謝肉祭』を聴いて、こんなすごい人がいるんだとショックを受け、すぐさまお願いをした。『青い珊瑚礁』が7月1日発売だったから即断即決だった。これが実に素晴らしい仕上がりとな

り、間奏を聴いただけでも、歌の世界を天才的な感性で表現してくださっていることがよくわかる。大村さんにはその後も聖子のサウンドを支えていただいた。1983年の『SWEET MEMORIES』は、もはやスタンダード。洋楽的センスで聖子の魅力を最大限に引き出し、聖子もそれに独創的なヴォーカルで応えた。大村さんも聖子のプロジェクトを、心から楽しんで取り組んでいただけたのではないかと思っている。

2ndアルバム『North Wind』(1980年12月1日発売)

1曲目の『白い恋人』に「シュプール」という言葉が登場するように、作詞家の三浦徳子さんは、常に最先端のキーワードを作品に入れてくださっていた。バブル期のスキー・ブームより前なので、かなり早かったと思う。私自身は福島県で子供時代を過ごしていたため、冬というと痛いくらいの冷たい風の記憶しかない。よく学校に通っていたと思うが、だからこそゲレンデやおしゃれな冬に憧れがあり、この作品は、1枚目のアルバム『SQUALL』の冬版といったところ。ユーミンの『SURF&SNOW』が同日に発売されて驚いたが、時代性もあったのかもしれない。少しずつスキー場が増えていた頃で、のちに松本隆さんもビーチやスキー場といったシーンを織り込んだ詞をいくつも書

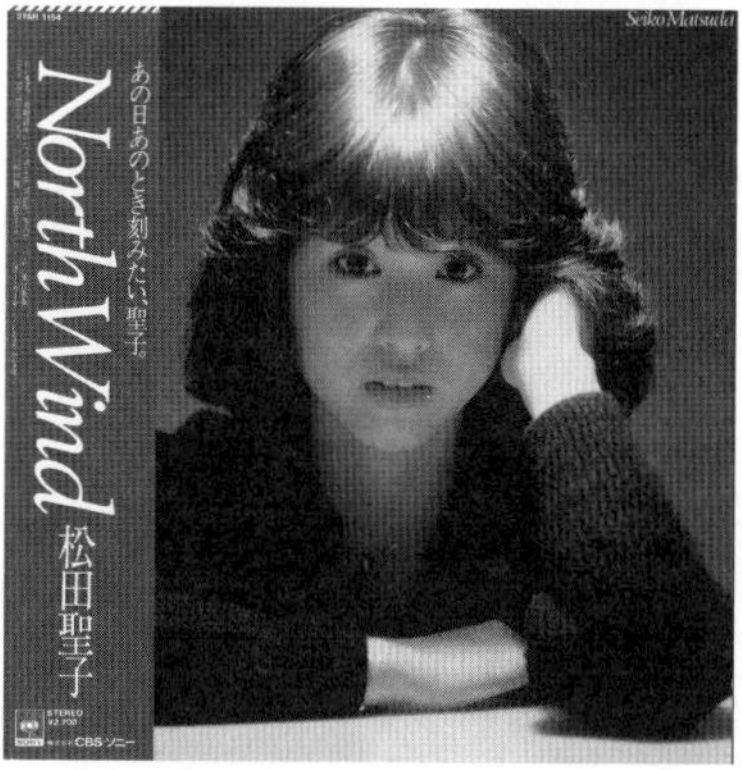

いてくださっている。リゾートは聖子のテーマの一つ。そういったヒントは『anan』など女性ファッション誌から得ていた。先に頭の中にイメージがあり、ページをめくっていくと、答え合わせのようにタイトルやビジュアルが目に飛び込んでくるのだ。

『花時計咲いた』も、詞も曲も美しい。帯のコピー「あの日あのとき刻みたい、聖子。」はこの楽曲と符合している。『North Wind』『冬のアルバム』のような力を抜いた歌い方も聖子は最初から上手かった。スローな曲でも、歌に入り込みすぎないクールさを持ち合わせていて稀有なセンスを感じる。

　ちなみに三浦徳子さんは、夜に詞を書くと食事した相手の言葉が頭に残っているため、翌朝まっさらな気持ちで書いてくださっていたという。そういったことからも、聖子のフレッシュさは支えられていた。3枚目のシングル『風は秋色』も『裸足の季節』と同じく、三浦さん、小田さん、信田さんによる曲。チャート・アクションは気にしていなかったが、初めてオリコン1位を獲得したときは嬉しかった。

ただし記録よりも、季節感やそのときどきの聖子に合った曲を作っていくことに私は集中していた。『Only My Love』はアルバムB面の1曲目。普通だったらバラードから始まらないのだろうが、曲順も私が決めていた。特にこの曲はストリングスからバンドサウンドに移っていく冒頭がドラマティックで、当時のコンサートではアンコールの定番だった。『Eighteen』もファンの方に人気。デビュー前にお世話になった平尾昌晃さんに作曲していただき、『風は秋色』と両A面でリリースした。平尾さんらしいオールディーズ・テイストのメロディに聖子が上手に乗っている。「18歳」というタイトルも平尾さんのアイデア。年齢をタイトルにすると、その時期を誰でも瞬時に思い出せるし、ファンの方の思い入れも強くなる。

考えてみると聖子のアルバムは、時間と予算をかけて実にいい音源を残すことができた。ミュージシャンも初期からみなさん松田聖子を面白がって演奏してくださった。時代もあったと思う。いまはスタジオ代を考えながら、PCを中心にタイトな予算で作るため、正直ちょっと味気ない。仕上がった音源もメールで届く。そういった中にも、もちろんいい曲はあるが、ちゃんと空気を震わせて生で録る楽器は響きが違う。いまはヴォーカルも簡単に修整できる。
しかし私は少しくらい歌がフラットしても、勢いがあるテイクを優先していた。当時から上手く歌えた部分をつなげる技術はあり、70年代には実際にテープを切り貼りし、80年代は手元でトラックを切り替えていた。でも聖子ではそういった調整はほとんどなかった。あとは、あえて早くから曲を渡さずに新鮮な気持ちのまま録ること。覚えて3回目くらいがベスト。さらっと歌った方がメッセージが強くなる。それも私のこだわりだった。

3rdアルバム『Silhouette』（1981年5月21日発売）

このアルバムでは聖子の新しい面を引き出したくて、作曲を財津和夫さんと小田裕一郎さんのお二人に5曲ずつお願いした。最初にレコーディングしたのは4枚目のシングル『チェリーブラッサム』。私がプロデュースした中で、聖子が歌うことをためらった唯一の曲。それまで小田さんの曲線的なメロディに慣れていた聖子が、財津さんの直線的なメロディに違和感を覚え、レコーディングを一度中止にしたのだ。それぞれ音楽的背景も違い、滑らかでアメリカンポップス的な小田さんに対し、財津さんはロック色が

強かった。しかし、その違いをつぶさに感じ取る聖子の才能にも驚いた。結局次の日にきちんと話し「この曲は絶対に売れるから」と諭すと、納得して笑顔で歌っていた。そして本当に大ヒットした。

『チェリーブラッサム』と『夏の扉』は今剛さんのギターが炸裂。かっこいいフレーズが満載だ。ロックサウンドで、いまでもコンサートで大変盛り上がる曲。ちなみに『チェリーブラッサム』は「ブロッサム」ではなく、あえて英語の発音に近い「ブラッサム」にした。その方が長調的で聖子の声にぴったりだと考えたからだ。シングル『チェリーブラッサム』のB面に収録した『少しずつ春』も声がよく出ており伸びやかな曲だが、印象が1年目の曲調と似ていた。そのため当初から『チェリーブラッサム』をA面に決めていた。常に冒険をする。それが私の考えだったのだ。『夏の扉』も財津さんのメロディを受け、三浦さんが爽やかな歌詞を付けてくださっている。

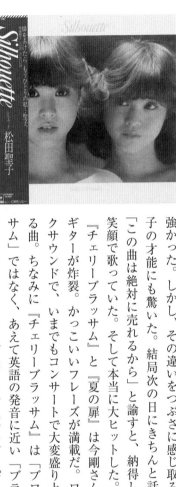

特にサビの「フレッシュ〜」の繰り返しは、ビートルズの『ＨＥＬＰ！』などと同じ一音にワンワードを載せる洋楽的手法。インパクトがあり、いまでも誰もが歌えるヒット曲の一つだと思う。

『Sailing』や『あ・な・たの手紙』は詞曲共に財津さんが手がけたもの。しっとりした女の子のダイアリー的な世界が描かれている。財津さんは無口なんだけれど洞察力が鋭い方で、引き出しも多い。このときは詞も同時にお願いした。聖子との相性もよく、非常にうまくいった。小田裕一郎さんに曲を書いていただいた『〜オレンジの香り〜Summer Beach』や『ナイーブ〜傷つきやすい午後〜』のように、1枚目や2枚目のアルバムにも通じる世界観もアルバム内に共存している。『ナイーブ〜』の抑え目なウィスパーヴォイスも小田さんの歌唱指導によるもの。聖子も果敢に多様な歌い方にチャレンジしていた。

このアルバムのもう一つのポイントは、松本隆さんが初めて参加してくださったこと。松本さんは既にたくさんのヒット曲を世に送り出していた頃で、アルバムの中の1曲というオファーは少し突然だったかもしれない。けれど『白い貝のブローチ』という曲を通じて、松本さんの詞が聖子と大変マッチし、とてもいい色合いが生まれることがわかった。それで次のシングル『白いパラソル』もお願いすることにしたのだ。「シルエット」という言葉は『白い貝のブローチ』の中に登場し、光と影に彩られた聖子の魅力も意味している。歌は光だけではダメ。翳りもないと。それで帯でも「扉をあけたら　もうひとりの私…聖子。」と書いているのだ。

また、『チェリーブラッサム』の歌詞に「自由な線、自由な色、描いてゆく」とあるが、「芸ごと」は枠からはみ出すからこそ魅力を放つ。聖子の歌の勢いやニュアンスは聖子独自の感性によるもの。三浦さんが聖子を思い浮かべながら書いてくださった歌詞だが、不思議なもので、これは「生き方」の話でもある。人生は枠に囚われすぎると面白くなくなり、限界を作ると先が見えてしまう。何事もルールに縛られる前にチャレンジしてみることが大切。例えばカフェをやりたかったら、月に1回でもレンタルスペースでやってみたらいいと思う。世界のどこにもない自分だけのカフェが生まれるはずだ。そういう意味で『チェリーブラッサム』は哲学的でもある。三浦さんと財津さんコンビの素晴らしさと、大村雅朗さんの気持ちが前向きになっていく力強いアレンジ。実は、聖子の曲には多くのメッセージが込められている。だから何歳になってもどんな時代に聴いても、解釈が広がり新鮮な気持ちで楽しめるのだ。

私自身も最近、箱根で「スイッチバックカフェ」という店を始めた。名前の由来は、箱根登山鉄道のスイッチバック・ポイントにあって、お茶をしながら登山電車を間近で見ることができること。自然の中、鉄道ファンだけでなく様々な方に楽しんでいただける場所となっており、日帰り温泉もあって何より空気がいい。自由な線と自由な色を描いていくことは、何歳になっても大切。私自身も、まだまだ試行錯誤と発見を繰り返している。

(「スイッチバックカフェ」は箱根登山鉄道・大平台駅から徒歩5分、旅館「箱根上の湯」1階にある)

4thアルバム『風立ちぬ』(1981年10月21日発売)

今作から作詞はすべて松本隆さんにお願いした。聖子の娯楽性あふれる歌声に、洋楽的なサウンドと松本さんの文学的な詞があれば、最強の作品になると確信していたからだ。このアルバムは、A面を大滝詠一さんが作曲とアレンジ、B面のうち4曲を鈴木茂さんが編曲担当した。松本さんの紹介で、元はっぴいえんどの大滝さんや鈴木さんにお願いしたわけだが、実質、伝説のバンドはっぴいえんどが構築しているような作品とな

った。結果としてファン層も拡大し、聖子にとっては、ポップスやロックといったジャンルも超越したエポックな取り組みとなった。

大滝さんには初めにシングル『風立ちぬ』をお願いした。けれどここで、大滝さん独特のレコーディングスタイルに聖子が戸惑ってしまう。通常は大抵デモテープが用意されているのだが、大滝さんの場合は何もなく、スタジオで大滝さんがいきなりピアノを弾き始め、それに合わせて聖子が歌いながらメロディを覚えていく形だった。そして途中で聖子が間違うと「あ、それもいいね」と言いながらどんどん曲が変わっていく。大滝さんは歌い方のこだわりや指摘も多数あり、それで聖子もどうしていいか迷ってしまった。しかしこれは、聖子の声の響きを確認しながら作るアーティスト同士の作曲スタイルだったのだ。それを理解すると聖子も、次の録音からは切り替えて取り組んでいた。笑顔で歌いながら、たまにちらりと私を見てくるので、私も「がんばれ！」と目で合図を送りか

えしたものだ（笑）。

印象的だったのは『ガラスの入江』。複雑なメロディだったが、大滝さんのピアノに合わせて、聖子は軽やかに曲を自分のものにしていった。一方『一千一秒物語』では、大サビの8小節の録音に長く時間がかかった。メトロノームのカチカチという音に合わせて歌うのだが、少しでもズレるとまた初めから。しかもメトロノームが手巻きでだんだん遅くなるため、何度も巻いて繰り返す。カチカチという音はまさに「一千一秒」の象徴であったのだろう、大滝さんの強いこだわりを感じた。『冬の妖精』や『いちご畑でつかまえて』も普通の歌手が歌うと譜面通りに歌ってありきたりになるところを、聖子は一瞬で直感的に表現。当然、聖子にしか歌えない世界になっていった。

ところで、大滝さんの『A LONG VACATION』は、とてつもなく音楽的な作品だが、大滝さんはこの中の5曲と『風立ちぬ』の5曲が対になるように作っていたという。『君は天然色』と『冬の妖精』、『雨のウェンズデイ』と『ガラスの入江』、『恋するカレン』と『一千一秒物語』、『FUN×4』と『いちご畑でつかまえて』、『カナリア諸島にて』と『風立ちぬ』。最近になってそれを知り、実に大滝さんらしいなと感じた。ロンバケは1981年3月発売で『風立ちぬ』は半年後の10月発売。同じメンバーで同時期に作れば自然と似てくる。しかし、それでいいのだ。私は音楽を整理したくないし境界線も作りたくない。音楽は娯楽だからだ。人は枠からはみ出したものに惹かれる。ファンの方が謎解きをするように両方を聴き、楽しみ方が広がるのもおもしろい。

大滝さんは予算度外視でとことんこだわる方。フィル・スペクターばりのナイアガラ・サウンドで、『風立ちぬ』も制作費が巨額だったと聞いている。『A LONG VACATION』の録音スタジオにも何人もミュージシャンが来て同時に演奏していた。ミキシングも一人で長時間スタジオに籠り、スタッフも「大滝さん、何してんのかなぁ？ 寝てるのかなぁ？」などと言いながら外のロビーで待っていた。あんなふうにお金も時間もかけて作れたのは、時代もあるが、それだけ一人の才能に賭けるという機運があったからだろう。聖子のアルバムにもたくさんのエネルギーを注いでいただいた。おかげで素晴らしい作品に仕上がり、聖子の大きな財産となった。心から感謝している。

実はシングル『風立ちぬ』は、当初もう少しさりげないアレンジを希望していたのだが、思っていたより豪華になってしまい大滝さんに何度か修整のお願いをしている。だが全く聞き入れてもらえず、お任せするしかなかった。大滝さんは一言で言うと「マイワールドの極致」。一人で生きていく覚悟があったのかもしれない。それほど妥協しない、媚びない人だった。しかしそれも含めて、あの時代あの瞬間にご一緒できて本当によかったと思う。まさに奇跡的な「組み合わせ」だった。

B面の楽曲も粒ぞろいだ。杉真理さんはカセットテープを山ほど持ってCBS・ソニーの私のデスクまで売り込みに来てくれた。そこで一緒に選んだのが『雨のリゾート』。「ワイパーもすねるほど」といった描写も実に松本隆さんらしい。ラストの『December Morning』も憂いがある。『白いパラソル』は当初少し地味かなと思ったが、作曲した財津和夫さんが「お願いよ〜という最初のフレーズがすごくいいので絶対ヒットしますから」と言い、その通りになった。シングルの『風立ちぬ』は、私が堀辰雄の小説が好きで作った曲。ちょうどその頃、会社に30人くらいのファンの子たちを招待して、聖子について語ってもらったことがある。私がいると正直に話してくれないので隣室で彼らの話を聞いていたが、全て、私が思っていることと同じ。ブレていないという自信を持って進んでいけた。

ちなみにシングル『風立ちぬ』のB面になった『Romance』は『瑠璃色の地球』と同じ平井夏美さんの作曲。大滝詠一さんのマネジャーの紹介でお願いしたのだが、なかなかどういう方かを教えてもらえず、結局、曲が発売されても知らされないままだった。

というのも平井さんは当時ビクターレコードの社員。他社の歌手に曲を提供するわけにはいかなかったのだ。平井さんの本名は川原伸司。大滝さんとも仲が良く、金沢明子の『イエローサブマリン音頭』も川原さんが担当し、大滝さんがプロデュースしている。大滝さんは70年代の雌伏の時期にCMソングをたくさん手がけていたため曲がどれもキャッチーで、ほんの数秒でその世界に引き込まれる。『NIAGARA TRIANGLE Vol.2』の『A面で恋をして』などはまさにそう。自身で作詞された『Pap-Pi-Doo-Bi-Doo-Ba物語』もすごくいい。だからどんなに制作費がかかっても、その才能に賭けようという人がたくさんいた。聖子の『風立ちぬ』も、いきなりサビのワンワードで始まるが、ビートルズの『Hey Jude』などと構成がよく似ている。もしかしたら松本さんと大滝さんなりの遊びだったのかもしれない。

川原さんが担当した森進一の『冬のリヴィエラ』はビクターの作品であるが、レコーディングに私も同席している。松本さん作詞で、大滝さんが作曲。あの頃、松本さんや大滝さんと仲良くさせていただいていたため自然に呼ばれ、録音のあとも近くのバーで「若松ちゃん、タイトルは何がいい?」などと言っていただき盛り上がった。当時は本当にみんなよく雑談していた。そういった中から次のアイデアが浮かび、レーベルの違いも関係がなかった。人生、境界線を作らずに楽しんだもの勝ちだ。気持ちも音楽も自由でいたい。大滝さんや松本さんの生き方も、実に自然体だった。だから聖子の曲は、どれもいい曲ばかりなのだと思う。

この時期から少しずつ女性ファンが増え始めていった。松本隆さんに「聖子を息の長い歌手にしてください」とお願いしていたことが、開花し始めていたのだ。歌詞の文学性、大滝詠一さんとの仕事による音楽的広がり。本来アイドルを聴かないようなクラシックや音響ファンも、聖子のアルバムに耳を傾けてくださるようになっていった。『風立ちぬ』はまさに松田聖子の分岐点となる作品だったのだ。

大滝さんに関してもう一つ覚えているのは、90年代にOo RECORDS（ダブル・オーレコード）の取締役としてソニー・ミュージックエンタテインメントの契約社員だった時期のこと。お正月にCBS・ソニーでは、市ヶ谷の本社で他部署の人たちと挨拶して回るのだが、奥さんに勧められてスーツを着て来たと苦笑されていた横顔が忘れられない。『ちびまる子ちゃん』の主題歌としてヒットした『うれしい予感』など素晴らしい仕事も多数されていたが、サラリーマンの世界は大滝さんには窮屈だっただろう。

大滝さんの作品で言えば小林旭さんが歌った『熱き心に』も記憶に残るいい曲だった。

阿久悠さんの詞と小林さんの歌声が、大滝さんのメロディとぴたりと一つになり、互いの新たな魅力を引き出していた。阿久さんとはCBS・ソニーの小澤敏雄社長と共によくゴルフをしたが、「FAXが登場してからレコード会社の担当者が簡単に歌詞にOKを出すようになった」と嘆いておられたのが忘れられない。顔と顔をきちんと合わせれば表情を見て作品への反応もわかるが、FAX以降、修整を依頼してくるスタッフも減ったとか。阿久さんもまた昭和気質の熱き心の持ち主。お人柄がしっかりと表れた名曲だった。やはり「歌は人なり」なのだ。

5thアルバム『Pineapple』（1982年5月21日発売）

『Pineapple』では大村雅朗さんが大活躍。当時の最新技術を多数取り入れ、シンセサイザーなど大きな機材を、いつもスタジオに持って来てくださっていた。大村さんは会うたびにサウンドがブラッシュアップされ、特に『パイナップル・アイランド』はデジタルのリズムが心地いい。この曲は、ミュージシャン・クレジットが4人のみ。他は大村さんによるデジタル・プログラミング。一方で間奏の水の音は完全なアナログで、ボウルとピッチャーとバケツを大村さんが用意し、スタジオの中で自ら水を流して録音していた。そういう技も織り交ぜながらの最先端サウンドを目の前で見せてもらい、レコーディングも実に楽しかった。

最先端といえば、１９８２年10月にソニーから世界初のＣＤプレイヤーが発売され、同時に世界で初めてＣＤ化されたアルバムの一つが『Pineapple』だった。ＣＢＳ・ソニーは、ソフトとハード両方の充実を目指してソニーとＣＢＳが設立したレコード会社である。ＣＤはフィリップスとの共同開発で、大賀典雄社長自ら指揮を執る、業界を先導した一大プロジェクト。そのローンチは一つの到達点だったのだ。多くの方がレコードを買ってくださったおかげで、松田聖子がビリー・ジョエルやＴＯＴＯなどと共に世界で最初のＣＤに選ばれたのは実に光栄なことだった。

アルバム1曲目の『P・R・E・S・E・N・T』はベースが効いており、来生たかおさんの曲と聖子のふわりとした歌い方が大変マッチしている。『ピン

クのスクーター』では原田真二さんがいいメロディを書いてくださった。原田さんは70年代から人気で大変な才能の持ち主であり、おかげで聖子の中低音の新たな魅力も引き出されている。電話の音など遊びもあり、キーボードの山田秀俊さんがコーラスでも活躍。そう、山田さんもまた聖子の作品には欠かせない方だった。

財津和夫さん作曲の『水色の朝』の冒頭は山田秀俊さんによる多重コーラス。朝の雰囲気を絶妙に表現してくださっている。ラストの『SUNSET BEACH』も、ハーモニカやアコーディオン、マンドリンが、スパニッシュな雰囲気を盛り上げ、異国情緒が実にいい。この曲は私が「このままフェイドアウトだけで終わるのは寂しい」と言ったら、大村さんがイントロのピアノの旋律をリプライズしてくださったもの。アルバム一枚をエンドレスで聴いていられるほど耳に心地いい。

『ひまわりの丘』も個人的に大好きな曲。一面ひまわりの景色が見えてくる印象的なイントロは船山基紀さんの編曲。来生たかおさんの新境地となった、跳ねるような明るいメロディの魅力も引き出されている。聞くところによると松本隆さんは昔、妹さんとスペイン旅行したときにひまわり畑を見たそうだ。とても綺麗な景色だったに違いない。

この時期はユーミンと初めてお仕事をしたのも大きなニュースだった。シングル『赤いスイートピー』や『渚のバルコニー』。このアルバムには収録されていないが『小麦色のマーメイド』もそうだ。ユーミンとは、ご自宅で手料理をご馳走になりながら、正隆さんと3人で打ち合わせしたのが思い出深い。

しかし『赤いスイートピー』に関しては、少しだけ曲の調整をお願いしている。当初、中盤が下降旋律になっており、一方私は春に向かって気持ちが盛り上がっていくような曲にしたかった。それでご多忙の中、調整をお願いすると、コンサートのリハーサル中であれば時間が取れると連絡があった。そこで会場にお邪魔させてもらったのだが、ユーミンは、大勢のバンドの皆さんとの作業を一旦中断してくださり、調整の希望に対しても「なるほど、そういうことですね」と、その場でピアノを弾きながらすぐに直してくださった。いま考えても感謝の言葉しかない。

同様に正隆さんも、アレンジにおいて大変丁寧に対応してくださった。レコーディング当日にミュージシャンが弾き出してみると、リズムが跳ねていて私の思っていたイメージと違っていたのだが、すぐさまその場で色々なパターンをピアノで弾いてくださり、「そう、まさに一番最後の感じです！」と私が言うと「えっ、これでいいの？」と驚きながらも、私が選んだテンポを活かしてくださったのである。それがいまの『赤いスイートピー』になっているのだ。

この曲は聖子にもエピソードがある。「半年過ぎても〜」の部分について、楽譜では当初「はーんとーし」という譜割になっており私も何度か指摘したのだが、レコーディングの際に聖子は、何テイク録っても「はんとーし」と歌っていたのだ。ところがユーミンが途中で「じゃあ、それでいきましょう」と言ってくださり、あっさり譜割は変更となる。ユーミンはいい意味で音楽的にこだわりすぎることなく、聴いたときの心地よさを優先し自由だったのだ。それは私も非常に共感する部分だった。ユーミンはしかもその後、原田知世さんの『時をかける少女』が歌番組で1位になった際に「若松さんの（上昇旋律の）アドバイスが大変参考になりました」とわざわざ電話でお礼をくださった。一流の方は違うなと、改めて感服した瞬間であった。

『渚のバルコニー』について、聖子はテレビで歌うときはキーを上げていたようだが、レコードの方は少し低い。というのもテレビやライブは明るく弾けるような解放感が大事だが、レコードでは雰囲気を優先させて作っていたからだ。「右手に缶コーラ」の「ラ」は、本人的には出しにくい音で本来の声域より低い。だがそのほうが曲全体の雰囲気が良くなるため、レコードはそういう色合いが優先されている。

『小麦色のマーメイド』も当初少し地味かなと思い松本隆さんにも相談したが、ユーミンと正隆さんがこういう世界観をいま聖子でやってみるべきだと考えているのだろう、と話してそのまま進めることにした。結果的に和製AORとして現在でも非常に人気の高い曲となった。松本さんの歌詞も、「好きよ、嫌いよ」「嘘よ、本気よ」といった相反する言葉を並列させせながら真っ直ぐな女性心理を描いており、感服した。この3曲はアレンジの季節感もニュアンスに富み、聖子のファンに女性が増えていく大きな後押しとなっていった。

また新曲を待つファンのみなさんの気持ちも考えて、基本的にシングルのB面はアルバムには入れていなかったのだが、『渚のバルコニー』B面の『レモネードの夏』はフレッシュな曲だったため収録している。アレンジの新川博さんは若くしてユーミンのステージ音楽監督も務められた方。このあと様々な作品で活躍されていた。『Pineapple』というタイトルも我ながら秀逸だと思う。シングルだとワンワードでは物足りないが、アルバムの場合は様々なイメージを想起させる。「南国」「夏」「甘酸っぱさ」「恋」など。そこからフォトグラファーの武藤義さんがイメージを膨らませ、黄色の背景で撮影してくださった。アイコニックでいま見ても実に新鮮だ。

振り返ると『Pineapple』は、前作『風立ちぬ』における大滝詠一さんの創造性にクリエイターたちが触発されたのかと思うほど、みなさんが先鋭的な冒険を重ねてくださり、大変な傑作となっている。松田聖子はまさにポップスの実験場だったのかもしれない。そしてこの後もクオリティの高いアルバムが続々と生まれていった。『Pineapple』もまた、記念すべきターニング・ポイントとなった作品だったと思う。

6thアルバム『Candy』（1982年11月10日発売）

今作でも大滝詠一さんがアルバム『風立ちぬ』に続いて2曲提供。松本さんが「また大滝さんと何曲かやっていいですか?」と言ってくださったのだ。『風立ちぬ』は内容的にもセールス的にも非常に充実しており、聖子の幅が広がった作品。もちろん「是非!」とお願いした。『四月のラブレター』は聖子の低音を活かしたミディアムテンポ。一方『Rock'n roll Good-bye』はコニー・フランシスの『ステューピッド・キューピッド』も彷彿させるアレンジ。大滝さんが画期的だったのは、こういう引用も臆面なくやってしまうところだった。「オマージュ」として、原曲のエッセンスを取り入れつつも全く個性の違うオリジナルに仕上げてしまう。わかっている人だけがニヤリとする音楽的造詣の深い取り入れ方は、大滝さんならではだった。

財津和夫さん作曲の『星空のドライブ』もアルバム冒頭から疾走感がすごい。ラップ的な部分もあり、私も「もっと語りっぽく、ハリを出して」と指示を出し、聖子も本能的に曲を自分のものにしていた。南佳孝さんもいい曲を作ってくれた。彼は同じＣＢＳ・ソニー所属で私も以前からよく知っており、松本さんともヒット曲を多数生み出していた。『モッキンバード』の「チュン・チュルル・ル」という擬音は文語的で、財津さん作曲の『野ばらのエチュード』の「トゥルリラ」や、細野さんの『ブルージュの鐘』の「Ding Dong」にも通じる松本隆さんならではの感性。

その『ブルージュの鐘』と『黄色いカーディガン』は細野晴臣さん作曲。細野さんは松本さんから「若松さんと細野さんは合うと思う」とご紹介いただいたのだが、なんといっても細野さんは天才。はっぴいえんどやＹＭＯのメンバーだった細野さんと

聖子の組み合わせは画期的だった。この2曲はヨーロッパの雰囲気であたたかなイメージだが、リズムパートがすべてデジタルで非常に実験的な音。大村雅朗さんの片腕として音作りをしていた松武秀樹さんはYMOのサポートメンバーで、4人目のYMOと呼ばれた方。松本さん、細野さん、大村さん、松武さんの組み合わせは最強だったと思う。

ラスト『真冬の恋人たち』では杉真理さんがデュエット・ヴォーカルで参加している。これも大村雅朗さんのアイデア。大村さんは10曲中8曲をアレンジし、うまく全体の流れを作ってくださった。

このアルバムはジャケットも凝り、ダブルジャケットで写真集のような仕掛けとなっている。帯のコピーは「こころはバロックカラー、いま　あなたとティータイム…聖子。」。レースのワンピースを着てバゲットを自転車のカゴに入れていたり、ジャンプスーツで英字新聞を抱えるなど、秋らしいビジュアルがどれもアルバムの雰囲気を盛り上げる。藁を写真の小道具に使うといったことは、当時は誰もやっていなかったと思う。『未来の花嫁』ではチェンバロの音色を使い、バロックな雰囲気たっぷり。このコピーは、音のイメージともしっかりリンクしていたのだ。

『Candy』というアルバムタイトルも、当時の聖子のイメージを見て私が付けたもの。

キャンディ・ヴォイスで、アソートのように様々な聖子が楽しめるといった意味合いも込めて。これだけ錚々たる多彩なメンバーが名前を連ねるアルバムは、もう今後もないだろう。

1983年頃になると、「松田聖子」というプロジェクトのもとに、クリエイターやスタッフが、みなさん同じ方向を見て集まってくださっていた。だからこそ何をやってもうまくいった。会社と同じで皆が同じ方向を向けば万事快調。プロジェクトはチームワークが要。だからこそ、聖子の楽曲はいいものが残せたのだと思う。

アルバムとシングルについて

7thアルバム『ユートピア』(1983年6月1日発売)

『ユートピア』というタイトルは、ファンのみなさんにユートピアにいるような気分になっていただけたら、という意味で私が付けたもの。いまでもこのアルバムが愛されているのは、そういったネーミングのもとに制作が進んでいたからだと思う。ただし当時は会議などで「これじゃ売れない」などと多方面から好き勝手に言われることが多く、本当は私自身がユートピアへ行きたかったのが本音(笑)。

既に聖子は大プロジェクトになっていたため、その分責任も大きくなっていたのだ。

しかし実際のところは、私はそれらの声を全く気にせず、自分の直感と信念を貫いて作品作りを進めていた。様々な意見を聞いてコンセンサスを取ると匂いや色が薄まり、おもしろさがどんどんなくなっていく。それでは心に残る作品は生み出せない。

ジャケットは、西新宿の高層ビルにあるプールで撮影した。「夜明けの海のようなブルー・グレイ」は、歌詞からアートディレクターの山田充さんとフォトグラファーの武藤義さんが考えてくださったカラーリング。具体的な状況ではなく、抽象的かつ透明感溢れるビジュアルが完成した。この表情も、数ある写真から私が直感的に選び出したもので飾った感じが全くない。写真も歌も自然な強さが大切なのだ。

1曲目の『ピーチ・シャーベット』は杉真理さん作曲で、編曲は瀬尾一三さん。瀬尾さんは『Pineapple』でも『LOVE SONG』という曲で参加してくださり、『ユートピア』でも3曲担当。私が昔から吉田拓郎さんのファンで、瀬尾さんの編曲を愛聴していたこともあり、ずっとお仕事をご一緒したかった方なのだが、このアルバムで夢が叶った。レコーディングの際も非常に気さくで、スタジオミュージシャンの方に「いいか、今日はいつもの小汚い連中の曲とは違うからな。品良くやってくれよ」と話され(笑)、現場を大変盛り上げてくださった。そんなノリの良さも、聖子にまた新しい一面をプラスしてくださったと思う。

甲斐祥弘さんの参加も大きかった。クリスマスを歌った『安奈』という曲を私も大好きだったのが、お願いしたきっかけ。甲斐さんとは都ホテル(現在のシェラトン都ホテル東京)のカフェで打ち合わせをしたのをよく覚えている。そこから生まれたのが『ハートをRock』と『赤い靴のバレリーナ』。どちらもシングルにしてもいい出来栄えで、『ハートをRock』は聖子でモータウン調というのが斬新だった。後半の転調も心地よく、もっと聴いていたくなる。『赤い靴のバレリーナ』は数あるアルバム収録曲の中で一、二を争うほど好きな曲。「前髪を1ミリ切りすぎた」と気にする乙女心と聖子の声がしっかりとシンクロしている。

このアルバムでは聖子が初めて作詞に挑戦している。当時私が聖子に「勉強になるから作詞や作曲もしてみたら?」と話していて、それが形になった最初の作品だった。この曲以外は、今作も全て松本隆さんの作詞だ。

あとはなんと言っても『マイアミ午前5時』と『セイシェルの夕陽』だろう。夜中に歌入れしたのだが、聖子も終日多数のスケジュールをこなしてきた後。とても疲れていたと思う。だがその日は歌い方が少々重く、私が「全然セイシェルやマイアミじゃない！　日本海じゃないか」と言うと、さすがの聖子も煮詰まりこう返してきたのだ。

「だったら若松さんが歌ってみてください！」

すかさず「俺は歌手じゃないから歌えないよ」と答えたのだが……いまとなっては笑い話。しかしそのとき大村雅朗さんが、聖子を気分転換のためにスタジオの外に連れ出し、車で用賀のマクドナルドまで行ってくださったのだ。「聖子ちゃんは普段食べに行けないでしょう」と。戻ってきたら、さすがは聖子。きちんと気持ちを入れ替えて歌い切っていた。それがいまの音源になっている。

思えば当時私は、聖子に対して少し厳しく接しすぎたと思うところもある。聖子の母親やマネジャーにも、若松さんだけがずっと「聖子」と呼び捨てにしていると言われたことがある。ただ芸能界は、売れると様々な人間が無数に寄ってきては本人を惑わすようなことを言う。だから私はずっと、初めて福岡の営業所で会ったときと変わらない接し方でいようと一貫して努めていた。そういう人間がずっと近くにいることが大事だと思っていたからだ。いま会っても、もちろん「聖子」と声をかけるだろう。それは変わらない。彼女が高校生のときから知っているからだ。しかしこの件以外、レコーディングは楽しい思い出ばかり。聖子はいつも明るく笑顔で、こちらが救われることばかりだった。

『秘密の花園』も春にふさわしい、大変可憐な曲。このときもユーミンに少しだけ調整をお願いした部分があったが、快く対応してくださった。何事も一流の方ほど腰が低いのだと思う。私も、アルバムはある程度みなさんにお任せしていたが、シングルだけはしつこいくらいにこだわっていた。『天国のキッス』も転調が多い難曲だが、私のYouTubeチャンネルでは、細野晴臣さんらしい作品で傑作にして最大の問題作であると話題になっていた。シングルB面の『わがままな片想い』も細野さんらしい歌謡テクノで複雑な譜割。しかし聖子はどの曲もすぐに自分のものにしていた。

アルバムラストの『メディテーション』は上田知華さん作曲。五輪真弓さんと同じ事務所所属で、マネジャーから紹介がありオファーした。よく覚えているのは、当時私も夜中まで仕事し深夜に帰宅していたのだが、朝起きてポストを見ると出来立てのデモテープが入っていたこと。たまたま上田さんが近くに住んでおり、すぐに聴くと、その時点でもういい曲になるとわかるほどしっかりした旋律だった。

こうやって『ユートピア』も豪華な才能が集結して作られている。このとき私は、マイアミもセイシェルも行ったことがなかったが、松本隆さんの説明を聞き、素敵なところなんだなと想像しながらレコーディングをしていた。その後ファンの方から、聖子ちゃんを聴いてどこそこの国へ行ってきましたと言っていただくことが多々あったが、確かに聖子は日本の海外旅行者数の増加に大きく貢献していたのだと実感する。この年の邦楽で一番売れたアルバムでもある。実に光栄なことだ。

シングル『ガラスの林檎／SWEET MEMORIES』（1983年8月1日発売）

『ガラスの林檎』は松本隆さんの詞と細野晴臣さんの曲。松本さんの詞は、角度によって輝きが変わる硝子細工のようで、様々な解釈ができる。文学的で品があり、聖子の娯楽性溢れる声が乗ると、さらに極上のポップスが完成する。

松本さんと細野さんのコンビは、はっぴいえんど時代に倣って詞先で制作していたが、この曲は珍しく曲先で、と細野さんからリクエストがあった。だが録音当日になっても

曲が完成しておらず、結局スタジオで短時間の間に松本さんが詞を書き、その場で細野さんが曲をつけたのが現在の『ガラスの林檎』なのである。天才の技というか、そういったことから時代に残るものが生まれるのだ。すぐさま細野さんがアレンジして録音が始まり、後日、大村雅朗さんがストリングスを足している。

また当初B面だった『SWEET MEMORIES』がCMで話題になり、両A面としてジャケットを変えて再発売されたのも思い出深い。

CMでは最初から、ノンクレジットで聖子が英語詞で歌うという点が決まっていた。サントリーの広告チームの方々は大変有能で、アイデアに溢れる打ち合わせだった。だが実は締め切りを迎えても、作曲をお願いした大村雅朗さんの曲が完成しておらず、まだ最初のフレーズしか出来ていない状態だったのだ。それで急遽、麻布台のサウンドシティというスタジオに遅い時間に来ていただき、その場で「こういう感じがいいんじゃない？」「いやいや、もっとわかりやすいフレーズの方がいい」などとお互いに言いながら、二人で1時間くらいで完成させたのが、いまの『SWEET MEMORIES』なのである。曲調は完全にジャズだったが、聖子は見事に歌い切っていた。聖子は、スタジオに来た英語の発音指導の先生にも「厳しくお願いします」と自ら言っていた。聖子はその後、英会話もマスターしていたがとにかく耳がいい。歌手は歌が上手いだけではダメ。こういったタレント性も必須だ。結果的に『SWEET MEMORIES』は大ヒットし、次の『瞳はダイアモンド』がリリースされても、まだチャートの上位にいたのは嬉しい出来事であった。この曲は聖子の母親がCMを見て、聖子自身が歌っているのを気づかなかったほどのインパクトがあり、他のレコード会社からも「ウチからデビューしませんか」と何本も声がかかるほどだった。それくらいに完成度の高い仕上がりだったのだ。

8thアルバム『Canary』（1983年12月10日発売）

シティポップと呼ばれる音楽ジャンルがある。洋楽の影響を受けて日本独自に洗練された80年代前後の都会的な音楽を指す。確かにあの頃、それぞれのクリエイターが洋楽の要素を取り込みながら新しい音楽を模索していた。最近、松原みきさんの『真夜中のドア』が音楽配信サービスのバイラルチャートでヒットしYouTube等で再生回数が多いと聞くと、妙に納得してしまう。

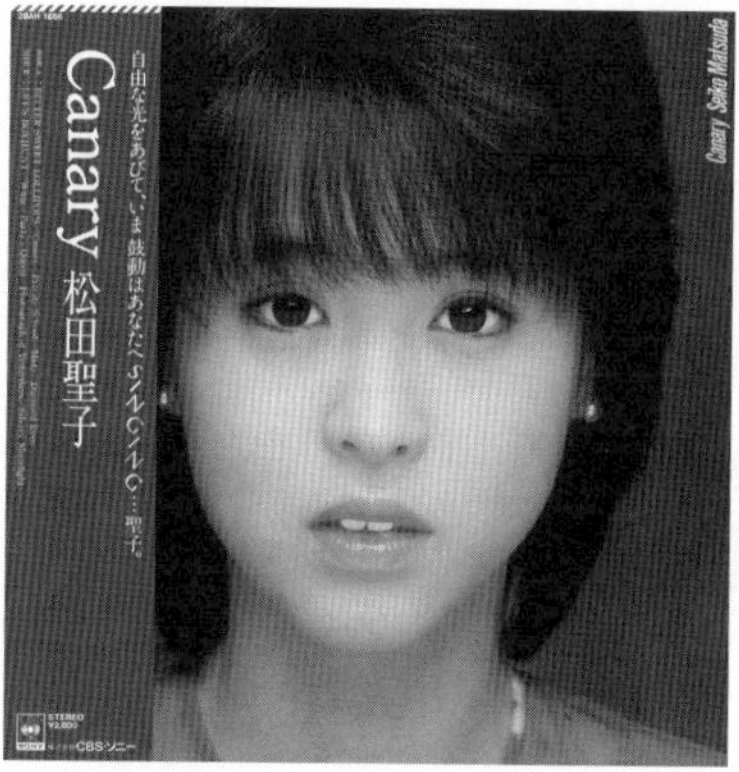

松原みきさんのプロデューサーをしていた菊地哲榮さんは、私もよく存じ上げる方。非常に優れた方で情熱に溢れており、彼らの作品がいま再び脚光を浴びるのは当然だと感じる。80年代の音楽は、シンセサイザーの音色や生楽器を織り交ぜながらも、オーガニックな詞とメロディが非常に心に残る曲ばかり。いい歌は、時代や国境も越えるのだ。『真夜中のドア』の作詞は三浦徳子さん。聖子も『裸足の季節』や『青い珊瑚礁』などで大変お世話になった。私は当時からジャンルなどは全く気にしていなかっ

たが、最高のクリエイターたちが集まって作った熱量のある作品は、永遠に色褪せることはないと考えている。

そういった意味で『Canary』も音楽的な冒険が多数あり、シティポップにつながる試みに溢れていた。『Private School』と『LET'S BOYHUNT』では林哲司さんが初参加。都会的でスタイリッシュなメロディが持ち味の林さんは、まさに『真夜中のドア』の作曲家でもある。井上鑑さん作編曲の『Misty』も、コーラスのリフレインが心地よくアンビエント感が溢れる曲で、聖子の新境地だった。ラストの『Silvery Moonlight』もリズムボックスのループが印象的。来生たかおさんのメロディを、大村雅朗さんがシンプルかつ輪郭のしっかりとした強い曲に仕上げてくれている。一方で『Canary』は聖子自身の作曲。「譜面でもいいし鼻歌でもいいから曲を作ったら?」と私がアドバイスしていたことが形になった。聖子はとにかく勘がよく、こんなふうに作曲もこなすようになっていた。

ユーミン作曲の『瞳はダイアモンド』と『蒼いフォトグラフ』はいまでも人気だが、どちらも物語性を強く感じる作品だ。シングルでは初の失恋ソングだったが、聖子らしく思い切り歌っていた。『蒼いフォトグラフ』は宮本輝さん原作のドラマ主題歌。松本隆さんが描く若者の葛藤を、聖子も21歳らしく歌い切っていた。『Party's Queen』はジャジーなメロディが印象的だが、詞はなんと7行。曲先だとこういったことも起きるが、松本隆さんは7行の中に洒脱な物語を描いてくださった。このアルバムから自立した女性像が描かれ、海外で一人暮らしする女性が登場したり、高校生の初恋も描かれている。その辺りは松本隆さんにお任せしていたが、21歳の聖子にふさわしい、誰もが思い出して甘酸っぱくなるような内容になった。

レコーディングをしたのは10月から11月にかけて。12月の発売でこの進行は遅すぎるが、聖子だから許された特別進行だった。聖子が当時とてつもなく忙しかったのと、売れるのが確実だったからだ。よく私のYouTubeチャンネルでも『JEWELS』という仮タイトルで予約ポスターが貼られていたと指摘があるが、自分では全く覚えていない。会議でポロッと言った仮タイトルが一人歩きしたのだろうか。それくらいあの頃、販売促進部や営業部からも情報をせっつかれていた。しかし実際にはこのアルバムも、じっくりと丁寧に作らせてもらった。

ジャケット写真は裏と表で表情が違う。聖子の顔のアップで、ほぼ構図が同じだが、裏のほうが瞳に憂いがあるのだ。幾多のカットから私が選んでいるので、ぜひ比較して見ていただきたい。細部にまでこだわって丹精込めて作っていた一つの証でもある。

9thアルバム『Tinker Bell』（1984年6月10日発売）

ジャケットは『真っ赤なロードスター』や『ガラス靴の魔女』にちなんで。この頃になると、私は短くアルバム・テーマを語るだけで、アートディレクターの山田充さんとフォトグラファーの武藤義さんが歌詞を読みこみ、撮り方を決めてくださっていた。スタイリストの三宅由美子さんもテーマに合わせて衣装を探してくださり、赤いレコード・ジャケットはいま見ても大胆でエッジ感があると思う。コンセプトは帯にある通り『四次元の光に輝き　聖子、神秘的。』。シングルの『時間の国のアリス』を軸にしてファンタジーやSFをテーマに作っている。

実は1981年頃に、ディズニー・ガールというテーマで曲が作れないかと思い立ち、工事を始めたばかりの東京ディズニーランドへおじゃましたことがあるのだが、まだ、だだっ広い敷地の真ん中に事務局があった頃で、そこまで歩いて行ったのをよく覚えている。結局は権利的なことが色々とあって曲にするのは諦めたが、このアルバムを出した1984年頃、松本隆さんもスピルバーグなどSFがマイブームで、改めて聖子のオ

リジナルのファンタジー・ワールドを作りたいと意見が合致し、テーマを決めたのだった。そういえば『時間の国のアリス』を作曲したユーミンが、出来上がった歌詞を見て、「松本さんはきっとfairy girlという言葉を使うんじゃないかと思っていました」と言っていた。長い友人である二人にだけわかる世界があったのかもしれない。この曲はあえていつもと違う座組みで、松任谷正隆さんではなく大村雅朗さんがアレンジ。大村さんも昔からユーミンのファンだったため、大変喜んでいた。イントロのギターは松原正樹さんによるもの。ロックなサウンド構成が非常にかっこいい。コンサートで定番になったのは必然。歌詞には、童話の世界の形を取りながら永遠の少女性が書き込まれている。ティンカーベルはどの曲の詞にも登場しないが『ピーター・パン』の妖精の名でありファンタジーの象徴。聖子の歌の主人公は歳を取らないという作品性は、この時期から自然とあったのかもしれない。

口紅のCMソングになった『Rock'n Rouge』は

何度も歌詞の調整が繰り返された。あの頃、化粧品CMの注目度がハンパなく、広告代理店の方もナーバスになっていたのだ。松本隆さんもプレッシャーだっただろう。だが、例えばタイトルについて「ルージュという言葉を使いたいのだけれど」と松本さんに相談すると、その場で「じゃあロックン・ルージュはどうですか?」とアイデアが飛び出す。ビートルズも宿泊した東京ヒルトンホテル（現在のザ・キャピトルホテル東急）の喫茶室でした松本さんとの打ち合わせを、昨日のことのように覚えている。

東銀座の試写室で、映像と音楽を合わせたCMのテストパターンを何度もチェックした記憶もあるが、生き生きとした歌詞はいま聴いても楽しい。『Rock'n Rouge』のシングルB面の『ボン・ボヤージュ』も個人的に好きな曲。恋人と初めての旅行で揺れ動く気持ちを山間の線路に例えるあたりは、さすが松本さんである。

このアルバムには尾崎亜美さんが『いそしぎの島』の作曲で初参加。後に聖子が主演した映画『カリブ・愛のシンフォニー』の挿入歌にもなった曲である。映画の話で言えば、聖子が主演した『夏服のイヴ』の撮影がちょうどレコーディングの時期と重なり、私も映画音楽を担当していたため、聖子も含めて私たちは大忙しだった。ただしそれと『Tinker Bell』が9曲であることとは無関係（笑）。いまだに「なぜ9曲だったんですか?」

とよく聞かれるのだが、純粋にこの曲順と流れがいいと思ってのことだった。あの頃みなさんが、それだけ聖子の新曲を楽しみにしてくださっていたのだろう。大変喜ばしい話だと感じている。

10thアルバム『Windy Shadow』（1984年12月8日発売）

レコーディングの時期は、ニューヨークで録音した1985年発売の『SOUND OF MY HEART』と重なっている。松本隆さんや大村雅朗さんには近況を話していたが、そのせいか冒頭の『マンハッタンでブレックファスト』からニューヨークの空気感が弾ける。聖子が作曲した『薔薇とピストル』もテキサスに生きる女性の話だ。テーマは決めていなかったが、80年代の真っ只中でPOPな世界に誰もが惹かれていたのかもしれない。

このアルバムでは佐野元春さんが『ハートのイアリング』で初参加。彼もまたこの年の6月までニューヨークに1年間滞在していた。佐野さんは、新しい音楽を取り入れて人気も実力もあり、一方で他アーティストへの楽曲提供はほとんどなかった。そこで、ダメもとで事務所にオファーすると、当時青山にあったエピック・ソニーに来て欲しい

ということになり、15分ほど話しただろうか。すると「OK、もちろん書くよー」とその場で快諾が。短い打ち合わせだったが、長く話しすぎると、あれこれ曲のイメージを限定して広がりがなくなるものだ。結果、シングルも大ヒットした。

このアルバムは松本さんが映画のように様々なストーリーを潜ませてくださり、オムニバス映画のようにラストの『Star』まで流れていく。特に『Star』は聖子の素の部分を描いたかのようでもあり当て書き感がある。当時聖子は過剰な報道でストレスが溜まることも多かった。それを私は、歌の中で発散させてあげられたらと考えていたのだ。そのためレコーディングで会ったときも、あえて「最近どう?」と声をかけるくらいで遠くからそっと見守っていた。元気なら何事も前向きに乗り切っていく強さを持っている子だとわかっていたからだ。

矢野顕子さんも『そよ風のフェイント』で初の曲提供。ちなみに矢野さんは2000

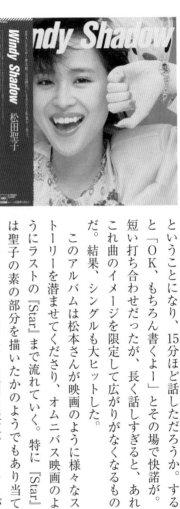

年に出したシングル『上海ラヴソング』でも詞を書いてくださっている。聖子は矢野さんの世界も一瞬で自分のものにしてしまうからすごい。『上海ラヴソング』はライブでも人気があり歓声が上がっていた。『MAUI』という曲を書いくださったNOBODYは大村さんの推薦。勢いのある新しい方には、どんどん参加してもらっていた。

シングルの『ピンクのモーツァルト』は、私がモーツァルトを大好きで付けたタイトル。モーツァルトは一日中聴いていても飽きない。とても日本人に馴染むし、繊細で品もある。西麻布のカフェで細野晴臣さんと松本隆さんと打ち合わせをしたとき「モーツァルトをタイトルに入れたくて」とお話しすると、細野さんがすぐに「じゃあ、『ピンクのモーツァルト』はどう?」と言ってくださったのを覚えている。B面の『硝子のプリズム』も佳曲。「赤・橙・黄・緑・青・藍・紫」という教科書に出てくるような言葉が、松本さんと細野さんの手にかかるとテクノポップとなり、さらに聖子が歌うと娯楽性が吹き込まれ極上のポップスになる。その典型とも言える曲だ。

『ピンクのモーツァルト』について、セクシャルなダブルミーニングだと言う人もいる。だが歌はしょせん人と人の恋の話。艶っぽい表現は「芸ごと」のひもの部分だ。聴き手の解釈に預けつつ、なるべくそのままにしたい。昔、キャンディーズを担当したときに作曲家の三木たかしさんが「ヒット曲は〝ぶざま〟でないと」とおっしゃっていた。不恰好でも人間的で、ガーッと勢いよくエネルギーが発散されている方がいいと。その方が聴き手も気持ちを乗せやすい。人は、ちょっと隙があったり、うっかりしている方が魅力的である。多少音が外れようとも、声が乱れようとも、その人の「生き方」が乗っている歌に誰もが惹かれる。「歌は人なり」なのだ。

11thアルバム『The 9th Wave』(1985年6月5日発売)

このアルバムでは、銀色夏生さん、吉田美奈子さん、尾崎亜美さん、矢野顕子さん、来生えつこさんに新しい松田聖子の詞の世界を作っていただいた。意図はしていなかったが、キャスティングしていくなかで女性の作詞家が主軸となり、当時の聖子の内面に通じるような悩みや成長を描いていただけたと思う。

最初にオファーしたのは尾崎亜美さんだった。シングルの『天使のウィンク』で、話が決まったのが年末ギリギリ。ちょうど彼女が引っ越しをしている最中のことで、「それでもいいですか?」と言われご自宅におじゃまさせていただいた。段ボールが周りに積まれている様子がいまも記憶にしっかりとある。そこで打ち合わせし、当時亜美ちゃ

んが考えていた聖子への印象を話してもらいながら「自由に好きなテーマで作ってみてください」とオファーした。ただし締め切りは「可能なら明日」。

少々無謀なお願いだったがご快諾くださり、本当に翌日にはデモテープが届いていた。聞けば、掃除で舞った埃が一瞬逆光で天使のように見えたのだという。そういうひらめきのままに作られたライブ感がデモテープからも伝わり、そこから大村雅朗くんが抜群のアレンジで新しい聖子ワールドを構築してくれた。天使は聖子のイメージにもぴったりだったと思う。

そういえば亜美ちゃんはレコーディングの際も、聖子の声に元気がないのを見てとると「お腹を空かせているようだから」と出前を取る提案をしてくださり、ブレイクを挟みながら雰囲気を作ってくださった。おかげでパンチのあるいい曲に仕上がった。

あの頃長時間の作業となると、信濃町のソニー・スタジオの近くにあった洋食店から焼肉弁当を取っていた。ご飯の上に上等な肉が載っており、スタミナを補給して朝までよく作業したものだ。余談だが信濃町のソニー・スタジオのことを、当時誰もが「シナソ」と呼び、六本木のスタジオのことは「ロクソ」と呼んでいた。ロクソはちょっと響きがヤバいかなと冗談でみんな言っていたが（笑）、誰もが「今日はシナソ」「明日はロクソ」と合言葉のように呟く。そんな空気感も含めて、実にいい創作現場であった。

銀色夏生さんは、当時渡辺プロダクションに所属していた音楽プロデューサーの木﨑賢治さんの紹介で、それ以前からよく会っていた。この年に詩集を発売したばかりで、まだ有名になる前だったが、このアルバムでは他の作家陣も含めて、女性の生き方や悩みを自然に描いてくださっていると思う。実はアルバム・テーマを特に決めず、「いまの聖子に合うと思う詞や曲を書いて欲しい」とオファーしていた。アルバムにするといった話もしていなかったが、制作期間中に聖子の婚約発表もあり、『さざなみウェディングロード』やラストの『夏の幻影《シーン》』にも、聖子を励ますようなメッセージを感じる。それぞれの方から節目となる素敵な歌をいただいたと思う。『ボーイの季節』は初恋のことを歌っているのだが、レコーディングの際に亜美ちゃんが聖子に歌詞の意味を説明すると、聖子が少し涙ぐんでいた。福岡時代からのことなど様々な思い出が浮かんだのかもしれない。ちなみにデビュー曲の『裸足の季節』と『ボーイの季節』が〝季節つながり〟となっているのは偶然。もしかしたら亜美ちゃんの中には意図があったのかもしれないが、未だ聞けていない。

このアルバムの発売後に聖子は結婚、休業することになった。先の話も全くしないいまだったが、それよりはデビュー以来ずっと走り続けていたため、少しは休養も必要だと私は考えていた。このアルバムは、大村雅朗さんが全曲アレンジし、80年代中期のエッジなデジタルサウンドが一つの柱となっている。それもあって「サウンドプロデューサー」として彼の名前をクレジットさせてもらった。大村さんとのお仕事の一つの到達点でもあったと思う。

12thアルバム『SOUND OF MY HEART』（1985年8月15日発売）

きっかけは1984年の春。アルバムのレコーディング中に、ふと聖子がアメリカで歌い踊っているイメージが私の頭に思い浮かんだからだった。聖子のアクティブでキュートな魅力はアメリカ的でもある。すぐにCBS・ソニーの洋楽部長だった大西泰輔さんに相談すると、フィル・ラモーンが合うんじゃないかと推薦があった。フィル・ラモーンは、ビリー・ジョエルやサイモン&ガーファンクル、アレサ・フランクリンともヒットアルバムを作っていた敏腕プロデューサー。すると間を置かずして米国から連絡があり、「若松ちゃん！　フィル・ラモーン、やってくれそうだよ」と回答があったのだ。

全曲英語。海外の一流クリエイターと共にニューヨーク・レコーディングした、私にとっても思い出深いアルバムだ。聖子のキャリアにも大変プラスになった作品だと思う。聖子は当初「若松さん、どうして私アメリカに行くんですか？」と成田で言っていたくらい海外録音に関心がなかったが、当時私が厳しかったから最初は仕方なく行ったのかもしれない。だが行ってみると何かに目覚めたのだろう。このアルバム以降、様々なチャレンジを海外でしていくことになる。

このときの渡航はニューヨークへ4～5回。最初はフィル・ラモーンと曲選びをするために私だけ飛んだ。彼はボストンバッグいっぱいのカセットテープを持ってきてくれ、大変嬉しかったのを覚えている。作家陣は、ホイットニー・ヒューストンやオリビア・ニュートン＝ジョン、マイケル・ジャクソン、カーペンターズにも書いていた一流のアーティストばかり。どれもいい曲で、いま思うとおすすめの楽曲を多めに選んでくれていたのかもしれない。フィル・ラモーンは非常にインテリジェンスに溢れ、懐も深い人だった。一方で英語の発音には厳しく、そのためレコーディングにも時間をかけ、『IMAGINATION』という曲でも「イマジネーション」ではなく「イマジュネイション」と何度も正確な発音を指摘してきた。聖子は以前から「勉強になるから」という私の提案で英会話スクールに通い、1984年の夏にはハワイに短期留学。他にもインターナショナルスクールに通う同年代の女の子と定期的に会話し勉強していた。このレコーディング中も粘り強く努力し、数年後には流暢に会話できるところまで上達している。

録音で訪れた「ザ・ヒット・ファクトリー」は人気のスタジオで、思い出深いのは、ふらりとトップアーティストが訪れていたこと。例えばシンディ・ローパーが小一時間話し込んで行ったり、ポール・サイモンがTシャツにジーパン姿でラフに現れたりしていた。ニューヨークはカフェやストリートにミュージシャンがいて町中に音楽が溢れている。聖子はそういった自由な空気も感じて刺激になっていた

と思う。レコーディングも聖子とフィル・ラモーン、アレンジャーのデヴィッド・マシューズ、そして聖子の母親と私の5名のみ。聖子もリラックスして取り組んでいた。

それから歌声に合わせてアレンジャーが微調整し曲を完成させると、フィル・ラモーンはカセットテープに曲を落とし、小さな隣室の小型ラジカセで音を私に聴かせてくれていた。リスナーの部屋を想定した音のバランスは実に勉強になり、世界的プロデューサーもファンの心にしっかり寄り添っているのだと驚いたものだ。

海外進出を見据えて初のプロモーション・ビデオも制作した。ニューヨークでシングル『DANCING SHOES』のPVを撮影している。聖子がMTVの世界に飛び込んだようだと大変話題にもなったが、撮影はマンハッタンにある体育館のように大きなホールで敢行された。スタッフやキャストも足すと100人近い関係者がおり、ダンスシーンなど撮影が夜中までかかったが、その分熱量の高い、思い出深い作品となった。

ジャケット・デザインも通常と変化をつけ、CBS・ソニーの社員デザイナー5人によるコンペにしている。その結果、私がキャンディーズを担当した際に『春一番』のシングルを担当してくれた仁張くんの案が採用され、おかげで洒脱な新感覚のジャケットになっている。先行シングルの『DANCING SHOES』は英国同時発売だったため、当時海外で人気だった12インチシングルで国内も発売し、オリコンチャート1位を獲得。このときは結局プロモーションがうまく組めず全米デビューは叶わなかったが、聖子はその後アメリカへ進出し、いまもダンスチャートやジャズチャートに果敢に挑戦し続けている。

私はその後90年代に、芸能事務所であるソニー・ミュージックアーティスツの社長として、PUFFYの二人を奥田民生くんに預け、彼女たちのアメリカでの活躍を見てきたが、その際に痛感したのは、日本人としてのオリジナリティの大切さだった。PUFFYは、亜美ちゃん由美ちゃんという才能のある二人を発掘したものの、実はどうデビューさせるべきか、当初なかなか方向性が定まらずにいたため、見かねた私が、他部署に所属していた奥田民生くんに「二人をプロデュースしてくれますか？」と預けたことに端を発する。これは単に民生くんが所属していた部署が一番勢いがあったからだが、同時に、彼とずっと仕事をしていた原田公一という大変優秀なスタッフがいれば、必ずうまく行くという確信もあったからだ。原田はもともと南佳孝のマネジャーで、当時からセンスがあり音楽の造詣も深かった。おかげでアニメ番組や全米ツアーなど、PUFFYのプロジェクトは大成功を収めた。そして日本人としての個性を語るなら、聖子こそオリジナリティの塊だろう。いま配信やYouTubeの世界では、80年代の聖子ブームが起きており、数年後には世界的なスタンダードになっていくことだろう。多くのクリエイターに関わっていただいた聖子の楽曲は、それくらい普遍性があり、世界中から注目を浴びるのは自然なことだと感じる。

余談だがフィル・ラモーンの奥さんであるカレン・カモーンは日系人だった。しかも本名が聖子と同じ蒲池姓。フィルはもしかしたら、それもあってシンパシーを感じ、聖子のプロジェクトに熱心に取り組んでくれたのかもしれない。奥さんは、フィルから私が直接頼まれて日本でデビューしている。1985年のこと。『ボーイの季節』を自身で英訳した『Summer Love』をリリース。どんな曲がいいか考えたときに、すぐ私の頭にメロディの美しい『ボーイの季節』が浮かんだからだった。この曲はCMで聖子自身も英語詞で歌い話題となった。もともと聖子は海外に縁があったのかもしれない。

最近、聖子が『SOUND OF MY HEART』のアレンジャーであるデヴィッド・マシューズとジャズのアルバムを作ったのも偶然ではないだろう。これから先もジャズやスタンダードを歌って、活躍の場をワールドワイドに広げていってほしいと思う。

13thアルバム『SUPREME』(1986年6月1日発売)
14thアルバム『Strawberry Time』(1987年5月16日発売)
15thアルバム『Citron』(1988年5月11日発売)

結婚して休業したのが1985年6月。実は復帰のタイミングなどは、何も話さないままでのことだった。音楽があれだけ好きな子だったから、しばらく休んだらきっともう一度歌い始めるだろうと思っていたが、デビューからずっと休みなしで来ていたため、休養も必要なタイミングだった。相談があったのは半年も過ぎた頃だったろうか。表参道の地下にあるカフェで待ち合わせた。マスコミの注目度も最も高かった時期だが、当時私がよく打ち合わせに使っていた店で、誰にも気づかれることなく静かに話ができた。

再びアルバムを作りたい、という言葉を聞いて、すぐさま私も準備に取りかかった。しかしいざレコーディングを始めてみると、聖子と私とで曲に対する意見が合わなかった。聖子も楽曲への自我が目覚め始めた時期で、こだわりも生まれていたのだろう。アレンジャーの大村雅朗さんもスケジュールの都合が合わず、私としても組み立てに迷った。そんなとき、なんとか収拾をつけるため急遽全曲の作詞をお願いしたのが、そう、松本隆さんだったのだ。松本さんとは約1年半ぶりのお仕事だった。

その結果『瑠璃色の地球』を平井夏美さんに書いていただいた。平井さんは、シングル『風立ちぬ』のB面でもお仕事をして親しくさせてもらっていた。『瑠璃色の地球』はいまでも環境問題や人類愛を描いた歌として合唱曲としても愛されている。アルバム全体を見渡しても『螢の草原』や『雨のコニー・アイランド』『白い夜』など、世界各地の景色を描きながら時間軸を飛び越えてしまうような「心の旅」を感じさせる名盤となった。結局その際の現場は、ほとんどをアシスタントの佐藤洋文に任せた。私はCo‐プロデュースとして少し引いたところから手綱を握り松本隆さんにプロデュースを委ねたわけだが、松本さんの力量には舌を巻いた。

翌年にも同じ座組でアルバム『Strawberry Time』を発売。こちらは松本さんが監督した自伝的な映画『微熱少年』と同時期の制作ということもあり、映画の主題歌を担当したレベッカの土橋安騎夫さんが、タイトル曲の作曲も手がけてくださっている。松本さんを経由して土橋さんには「聖子の既存の色にとらわれ過ぎずに自由に書いてほしい」と告げた。大村雅朗さんのアレンジも秀逸で、冒頭から心が揺さぶられるような感動がある。世界平和を歌ったこの曲は、いまの時代に再び注目されるべきであろう。さらに1988年にはカナダの音楽プロデューサー、デヴィッド・フォスターと組んで

SUPREME
SEIKO MATSUDA
SUPREME
SEIKO MATSUDA
松田聖子

Seiko Matsuda
Citron
Citron
松田聖子

『Citron』を発売。その後、聖子は自身で作詞や作曲を手がけるようになり、1990年に全米デビューを果たしたアルバム『Seiko』の頃に私は営業統括部長となり、聖子の担当から離れて異動している。

思えば聖子の音楽制作に直接関わった約7年間という時間は、実に濃密なものだった。デビューこそ難航したが、いざスタートすると次々に前向きな連鎖が起こり、多くの一流のクリエイターが才能を持ち寄ってくださった。運と縁と時代と、聖子の表現力やタレント性が多重に重なり、その裏で私はひたむきに楽曲制作に取り組んだ。シングルもアルバムも、タイトルや曲、アレンジ、ジャケット写真、帯に至るまで、最善の作品を残したいと、とことんこだわり続けた。あのとき注いだエネルギーと情熱には、自分自身でも驚くほどだ。幾多のヒット曲やアルバムは音楽として永久保存され次世代にも愛され続けるだろう。これからもずっと、みなさんの思い出と共に。

後書

この原稿は2022年の初夏に青山の仕事場で綴っている。

沙也加ちゃんは、デビュー前によくここに遊びに来ては、その日一日学校であったことを楽しそうに語っていた。それだけのことだったが、私はすぐに彼女が才能に溢れ、卓越した存在になることを予見していた。透き通った声はもちろん、音楽に対する感性や文才、観察眼など天賦の突出した才能を持ちあわせていたからだ。その後聖子から託されて、歌手デビューする直前の1年間、私がマネジメントを担当した。グリコのCMは、彼女を連れて二人だけで大阪まで行き、オーディションに合格して決まったものだ。『文藝春秋』に掲載されたエッセイも、私の段取りによるものだった。

あの全ての人を幸せにする笑顔は、みなさんの心を永遠に照らし続けるだろう。

聖子がこの先歌うべき歌があるとしたら、平和を祈り、隣にいる人の痛みを癒せるような曲ではないだろうか。少なくともそんな心持ちで、歌い続けてほしい。

1978年の6月に、初めて福岡のソニーの営業所で会った高校生の少女は、その歌声と同様にどこまでも真っ直ぐで一途だった。アーティストも芸能人である前に一人の人間である。けれど、あのときの「想い」があれば大丈夫だ。

そういえば私がレコード会社で担当を離れたのちも、携帯電話がなかった時代には、アメリカから私の家に電話をかけてきて悩みを話していた。これからも、あんなふうに周囲の人たちと連絡を取りあっていってほしい。そしてお互いにもう一度、デビューの頃のような気持ちに戻れたら最高かもしれない。歌が大好きなあなたと、プロデューサーとしてこれが最後のチャンスと覚悟を決めて必死だった私と、ときどき喫茶店でお茶をしながら打ち合わせをしたあの日のように、原点に戻って。初心に戻れる人間は何歳になっても成長し続けることができる。それは私自身への訓戒としてもここに記しておこう。誰にとってもなかなか難しいことだが、聖子ならできる。

あのときの真っ直ぐな気持ちのまま吹き込んだ松田聖子の楽曲は、これからも永遠に愛され続ける。いつかまた音楽について語り合おう。そしてファンの方たちの温かい心に応えていけるように、自分自身のことも大切にしていってほしい。
またお会いしましょう。

2022年7月

若松　宗雄

参考文献

ＳＯＮＹホームページ　タイムカプセル　https://www.sony.com/ja/SonyInfo/CorporateInfo/History/Capsule/
『ＳＯＮＹの旋律――私の履歴書』大賀典雄（日本経済新聞出版）
大瀧詠一　作品集　Vol.1（ソニー・ミュージックレコーズ）

若松宗雄　音楽プロデューサー。
一本のカセットテープから松田聖子を発掘。CBS・ソニーに在籍し80年代後期までのシングルとアルバムを全てプロデュース。伝説的な活躍を支えた。本書が初の著書。

Ⓢ新潮新書

960

松田聖子《まつだせいこ》の誕生《たんじょう》

著　者　若松宗雄《わかまつむねお》

構　成　夢野光人

2022年7月20日　発行

発行者　佐　藤　隆　信

発行所　株式会社 新潮社

〒162-8711　東京都新宿区矢来町71番地
編集部(03)3266-5430　読者係(03)3266-5111
https://www.shinchosha.co.jp
装幀　新潮社装幀室

印刷所　錦明印刷株式会社

製本所　錦明印刷株式会社

ISBN978-4-10-610960-7　C0273

新潮新書

634 プリンス論 西寺郷太

547 フランツ・リストはなぜ女たちを失神させたのか 浦久俊彦

650 1998年の宇多田ヒカル 宇野維正

724 サザンオールスターズ 1978-1985 スージー鈴木

775 悪魔と呼ばれたヴァイオリニスト パガニーニ伝 浦久俊彦

ポップで前衛的な曲、奇抜なヴィジュアル……すべては天才による〝紫の革命〟だった――。同じ音楽家ならではの視点で、その栄光の旅路を追う、革命的ポップ・ミュージック論！

聴衆の大衆化、ピアノ産業の勃興、「アイドル化」するスターとスキャンダル……。その来歴に、19世紀という時代の特性が鮮やかに浮かび上がる。音楽の見方を一変させる一冊。

「史上最もCDが売れた年」に揃って登場した、宇多田、椎名林檎、aiko、浜崎あゆみ。それぞれの歩みや関係性を「革新・逆襲・天才・孤独」をキーワードに読み解く、注目のデビュー作！

《勝手にシンドバッド》《いとしのエリー》《C調言葉に御用心》など、〝初期〟の名曲を徹底分析。衝撃のデビューから国民的バンドとなるまでの軌跡をたどる、胸さわぎの音楽評論！

守銭奴、女好き、瀆神者。なれど、その音色は超絶無比――。自ら「悪魔」のイメージを身にまとい、死後も幽霊となって音楽を奏でているとまで言われた伝説の演奏家、本邦初の伝記。